SHODENSHA
SHINSHO

ヒトラーの経済政策

――世界恐慌からの奇跡的な復興

武田知弘

祥伝社新書

まえがき

本書は、ヒトラーの経済政策を追究することをテーマとしている。

アドルフ・ヒトラーは、いわずと知れた第二次世界大戦最大の戦争犯罪人であり、悪の代名詞ともなっている人物である。

確かに彼は、第二次世界大戦を引き起こした張本人であり、多くの民族、地域に対して、残虐な行為を行なったナチス・ドイツの最高責任者である。

筆者は、ナチスの残虐行為について、擁護したり肯定したりするつもりは毛頭ない。

しかし、だからといって彼らの行為がすべて否定されていいということではないだろう。

アドルフ・ヒトラーやナチスという存在は、後世において「全否定」に近い評価をされてきた。

が、彼らは、一時的にせよ、ドイツ経済を崩壊から救い、ドイツ国民の圧倒的な支持を受けていたこともあるのだ。彼らの行為の中には、後世の経済政策のヒントになるようなこともたくさんあるのではないだろうか。


ヒトラーが政権を取ったとき、ドイツは疲弊しつくしていた。

第一次世界大戦で国力を使い果たした上に、多額の賠償金を課せられた。ようやく復興しようとした矢先に世界大恐慌に襲われた。ドイツという国はボロボロの状態になっていたのだ。

しかし、ヒトラーが政権を取るや否や、経済は見る間に回復し、2年後には先進国のどこよりも早く失業問題を解消していたのである。

ヒトラーの経済政策は失業解消だけにとどまらない。

ナチス・ドイツでは、労働者の環境が整えられ、医療、厚生、娯楽などは、当時の先進国の水準をはるかに超えていた。

国民には定期的にがん検診が行なわれ、一定規模の企業には、医者の常駐が義務づけられた。禁煙運動や、メタボリック対策、有害食品の制限などもすでに始められていた。

労働者は、休日には観劇や乗馬などを楽しむことができた。また毎月わずかな積み立てをしていれば、バカンスには豪華客船で海外旅行をすることもできた。

思想的な是非はともかく、経済政策面だけに焦点を当てた場合、ヒトラーは類《たぐい》まれなる手腕の持ち主ということになるだろう。

ドイツ国民も、ヒトラーやナチス・ドイツに対して決して悪い印象を持ってはいなかった。

1951年に西ドイツで行なわれた世論調査では、半数以上の人が1933年から1939年までがもっともいい時代だったと答えている。1933年から1939年というのは、ヒトラーが政権を取って戦争を始める前までの期間である。

つまり、戦争を起こさなければ、ナチス・ドイツは国民にとってもっともいい国だったということである。


ナチス・ドイツは、共産主義でもなく、資本主義でもない、独自の経済路線を敷いていた。資本主義の活力を生かしながら、過度な競争、大企業の横暴な振る舞いには、制限をかける。社会主義のようにすべてを管理することはしないが、社会のセーフティーネットはしっかり整えていく。

それは、現代、資本主義の過酷な競争社会に限界を感じているわれわれに、なんらかのヒントを与えるものではないだろうか？

ヒトラーやナチスを、全肯定するわけでも、全否定するわけでもなく、冷静に客観的に彼らの経済的施策を見ていく。

「ヒトラー、ナチスとはなんだったのか、経済政策的な側面から探っていく」

というのがこの本の趣旨である。

これを読めばきっとヒトラーやナチスの意外な側面に驚かされるはずである。

ヒトラーの経済政策――目次

第2章　労働者の英雄

第3章　ヒトラーは経済の本質を知っていた

第4章　天才財政家シャハトの錬金術

第5章　ヒトラーの誤算

●スタッフ
編集・本文DTP／株式会社菊池企画
企画プロデュース／菊池　真
〈shin@kikuchikikaku.co.jp〉

序章

ケインズも絶賛したヒトラーの経済政策とは

ケインズも絶賛したヒトラーの経済政策とは

１９４０年７月25日、ナチス・ドイツのフンク経済相は「欧州新経済秩序」という計画を発表した。

「欧州新経済秩序」というのは、簡単にいえばドイツのマルクをヨーロッパの共通通貨にしようというものである。

そしてマルクの通貨圏内では、人や物の移動を自由にし、資本や労働も自由に動き回ることができるようにする。

いわばユーロのナチス版というところである。

「この計画が実施されれば、もうヨーロッパは物資の不足や失業者の増大で悩まされることはないだろう」

とヒトラーは語った。

ラジオでこの計画を聞いたイギリス政府は、著名な経済学者ケインズに、これを非難する論文を発表してくれと頼んだ。

しかし、ケインズの回答は、イギリス政府のまったく予期しないものだった。

「私の意見では、ドイツの放送から引用した部分のおよそ４分の３は、もしもその中のドイツとか枢軸という言葉を、イギリスという言葉に置き換えるならば、まったく優れたものになるでしょう。それはまさにわれわれ自身がその実現に努力すべきものであります」（ケインズからイギリス情報相ニコルソンに宛てた手紙・『ケインズと世界経済』岩本武和著・岩波書店より抜粋）

この計画が発表された当時、ナチスは、ヨーロッパ大陸の半分以上をその手中に収めていた。だから、自国の通貨をヨーロッパの共通通貨にしようと思えば、できる立場ではあった。

しかし、「欧州新経済秩序」の導入はそれだけが理由ではない。

この当時、ナチス・ドイツは金本位制の通貨の欠点を見抜いており、その欠点を補うために共通通貨を作ろうとしていたのだ。

19世紀から20世紀前半にかけて、世界の通貨は、金によってその価値が保証されていた。いわゆる金本位制である。

金本位制というのは、通貨が金と交換できるようになっている。通貨は金によりその価値を保証されていたのだ。だから通貨の価値は安定する。

しかし、一国の通貨は金の保有量に応じた分量しか発行できない。金の保有量が少ない国、激減した国は、たちまち窮地に陥《おちい》る。

また金本位制の下では、国際貿易も最終的には金で決済される。

各国が均衡の取れた貿易をしている間は、金本位制でもそれほど不都合は生じなかった。しかし輸出超過や輸入超過が続いた場合、金の保有量に大きなアンバランスが生じてしまう。

実際、第一次世界大戦後の世界がそういう状態だった。

西洋諸国は軒並み金の保有量を減らし、アメリカは世界中の金を集めている、という状態だった。アメリカはピーク時には世界の7割の金を保有していたのである。

これは世界中の国々にとって不幸なことである。

世界の国々は物を買いたくても、金がないので買うことができない。アメリカは物を売りたくても、どこも買ってくれない。お互いの貿易は収縮し、産業はすたれてしまう。

それが世界恐慌の一因になったのではないか、ともされている。

そして世界恐慌の後、西洋諸国は金本位制を持続できなくなり、あいついで金本位制から離脱した。

しかし、かといって、金本位制に代わる有効な通貨システムを見つけた国はどこもなかった。そのため貿易は収縮し、自国の勢力範囲内だけで物資を流通させるという、いわゆる「ブロック経済」化していったのである。

金本位制に代わる新しい通貨システムは、どこの国も模索していたものであり、どこの国にとっても必要なものだったのだ。

特にドイツは、安全で汎用性のある通貨システムを切実に求めていた。

第一次世界大戦後ハイパーインフレに襲われ、その後、経済がようやく立ち直りかけたときに世界恐慌の影響をもろにかぶったドイツは、通貨にことさらに過敏だったのだ。

そしてたどり着いたのが「欧州新経済秩序」というわけである。

「欧州新経済秩序」は、決して突飛な発想で作られたわけではない。

ナチス・ドイツには、通貨に関する経験が蓄積されていたのである。

ヒトラー政権誕生直後、金や外貨の保有量が底をつきかけていたナチス・ドイツは、独特の通貨政策を行なった。

金本位制から脱却し、ドイツの持つ資産や労働力を基準にして、通貨を発行したのだ。外国との通貨の交換は、各国との協定によって決めるという今の管理通貨制のような方法を取っていた。

このシステムは、各国の経済学者などから、「すぐに破綻する」「激しいインフレが起きる」などといわれていたが、破綻もしなければインフレも起きなかった。

インフレを起こさず、金にも依存しない通貨の発行方法を、ナチス・ドイツは会得しつつあったのだ。

またドイツは、ナチス以前から通貨政策には長じていた。ドイツは、第一次世界大戦前には植民地を持っていたが（第一次世界大戦の敗北ですべて取り上げられた）、植民地にはドイツ本国と同じ通貨を流通させていたのだ。本国と植民地の通貨が同じということは、輸出入などにおいて非常に便利であった。

これはドイツだけが採っていた通貨政策である。ほかの欧米諸国は、自国と植民地は別の通貨を使っていたのだ。植民地に自国の通貨を持ち込むのは、通貨の調節が難しかったからだ。しかし、ドイツだけは、何の不都合もなく、本国の通貨を植民地で使っていたのだ。

このように「欧州新経済秩序」は、綿密な計算と、豊かな経験の下に考え出されたシステムだった。

これまでナチスは、当時の常識では考えられないような経済政策をいくつも打ち出してきた。

金の保有量がほとんどないのに、大量の公債を発行してアウトバーンのような大事業を行なったり、外貨を用いずに物々交換で貿易をしたり、労働組合をすべて解散させ、労使を合体させた一元的な組織を作ったり、等々である。

これを見て、諸外国の学者やマスコミはこぞって「ナチス・ドイツはすぐにダメになる」

と論じてきた。親独的だった日本でさえ、ナチスの前半期は「ドイツの飢餓輸出」（1934年4月11日時事新報）、「ドイツ独裁政策は完全に行き詰った」（1936年2月17日大阪毎日新聞）というように批判的なことばかりいっていた。

しかしそれに反して、ナチスはダメになるどころか見る間に景気が回復し、失業者を事実上ゼロにし、史上最大のオリンピックを行なうなど、先進諸国の中でもっとも活力のある国になっていった。

そして今度は、ヨーロッパ共通通貨を作るという。

「今度こそは、ナチスの試みは大失敗に終わるはず」

そう考えたイギリス政府は、当世随一の経済学者ケインズに、反論を述べてもらおうと思ったのだ。

しかしナチスのこの計画は、イギリス政府の思惑をはずし、逆に当世随一の経済学者から称賛を浴びてしまったのだ。

「欧州新経済秩序」を賞賛したケインズは、ナチスの経済政策について次のようなことも述べている。

「第一次世界大戦後、為替面における自由放任主義は混乱を招いた。関税はここから逃れる手段とはならなかった。しかしドイツでは、シャハトとフンクが必要に迫られて、より優れたものを作り出した。彼らは近隣諸国の犠牲の上にこの新しい制度を利用した。しかし、その基礎になっている考え方は、実際のところは健全かつ有用である」

これは当時ドイツが敵国だったことを考えると、最大限の賛辞といえるのではないだろうか。

ケインズがこれほどナチスを褒めるのは、もちろん理由がある。

それというのも、ケインズが提唱してきた経済理論を、もっとも早く実行し、成果を上げてきたのがナチス・ドイツなのである。

ナチスは、政権発足とともにアウトバーンなどの公共事業を積極的に展開し、失業者を激減させている。ケインズが論じた「不景気のときには国が財政を出動して経済を活性化する必要がある」という説をそのまま実行し、大成功を収めてきたのだ。

ケインズの理論を世に広めた『雇用・利子および貨幣の一般理論』は1935年に発表されたものである。ナチスのアウトバーンはそれより2年早く建設が開始されている。

つまりナチスはケインズの理論を元にして、政策を実行したというより、ケインズとナチスはもとから同じような考えを持っていたということである。

ナチスの「欧州新経済秩序」は実現しなかった。「欧州新経済秩序」が稼働する前にナチス・ドイツは連合国に敗れ、消滅してしまったからだ。

ナチスが敗北した後、連合国を中心にして新しい国際経済秩序を構築する話し合いが何度かもたれた。その際、ケインズは金本位制を脱して、ナチスが唱えたような「通貨システム」を導入しようと試みた。

しかし、アメリカの強い反対を浴び、世界経済はこれまでと変わらずに金本位制を採ることになった。そして世界はたびたび通貨危機を起こし、国際経済は混乱することになるのだ。

第1章

600万人の失業問題を解消

世界大恐慌でもっとも早く回復したドイツ

1929年10月24日、世界はかつてない試練を経験する。

世界大恐慌である。

ニューヨーク・ウォール街の証券取引所から端を発したこの大恐慌は、あっという間に世界中に波及した。

永遠に続くかと思われた資本主義経済の繁栄は、もろくも崩壊、都市という都市には失業者が溢れ、自殺者や物乞《ものご》いになるものが相次いだ。

この未曾有の経済危機で、もっとも大きな被害を受けたのはドイツである。

当時のドイツ経済は、ただでさえ弱っていた。

第一次世界大戦の敗戦で各国から巨額の賠償金を請求され、最大の工業地帯ルールをフランスに占領されたり、通貨の膨張によるハイパーインフレなどで、経済は極度に疲弊していた。

1920年代後半になって、やっと経済が回復しかけてきたときに、今度は世界大恐慌に見舞われたのである。

経済基盤の弱かったドイツはたちまち大混乱し、国内第2位のダナート銀行が倒産するなど深刻な金融危機を招き、やがて、大不況に突入した。国民総生産は35％も減少し、失業者が激増、1932年には約560万人を数えた。実に労働者の3人に1人が失業していたのである。

そのときに登場してきたのがヒトラーなのである。

ヒトラーは、大不況のさなか1933年1月に政権の座についた。

そしてその3年後、失業者を160万人規模にまで減少させ、世界恐慌以前の1928年の状態にまでドイツ経済を回復させた。1936年の実質国民総生産は、ナチス政権以前の最高だった1928年を15%も上回っている。

これは世界恐慌で大きな被害を受けた国のなかではもっとも早い回復だった。たとえばアメリカが世界恐慌のダメージから完全に立ち直れたのは1941年のことである。

世界恐慌から10年後の1938年の各国の失業者数は次のようになっている。

イギリス135万人（最大時300万人）
アメリカ783万人（最大時1千200万人）
ドイツ43万人（最大時600万人）
日本27万人（最大時300万人）

また世界恐慌以来、世界の列強たちは貿易を閉ざし、自国と自国が支配する植民地のみで

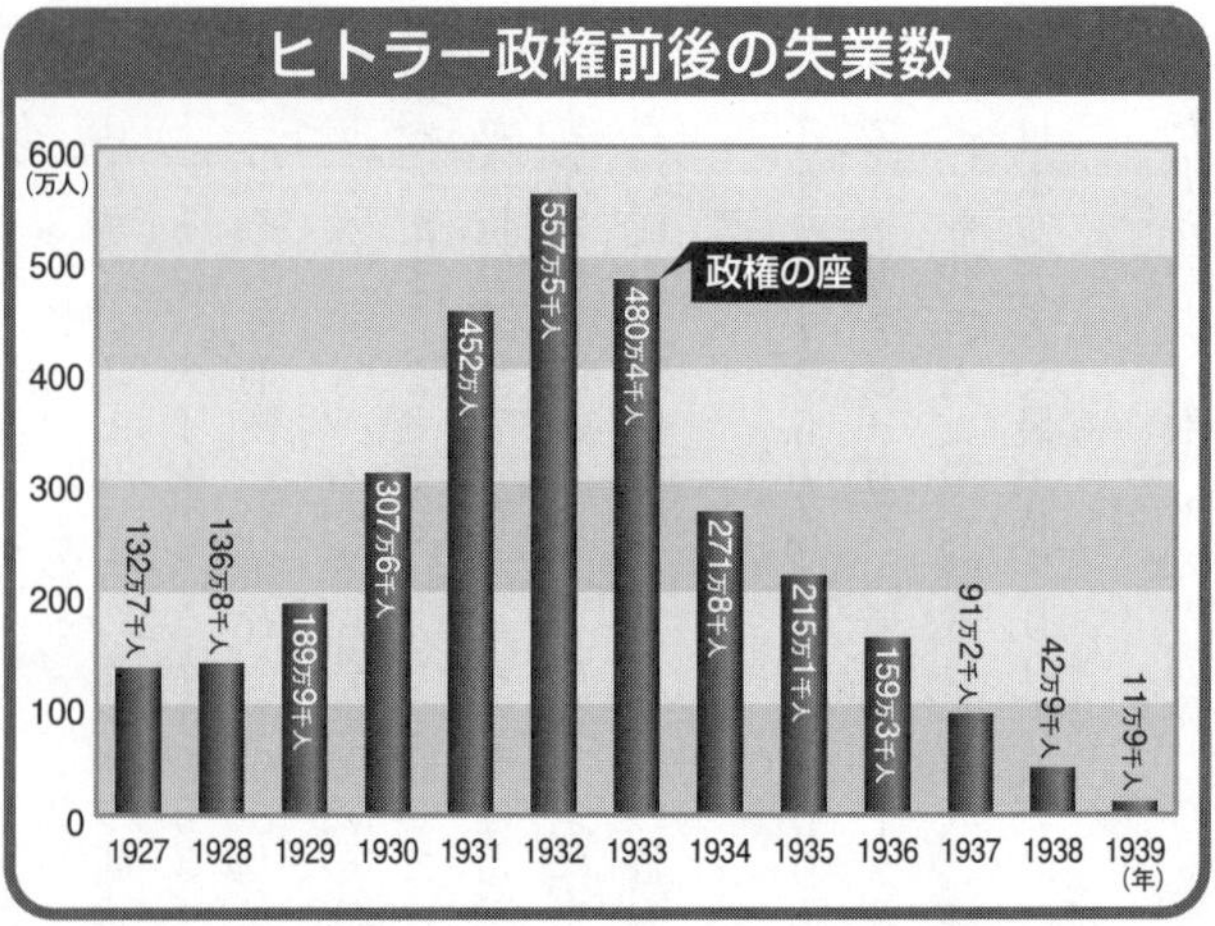

交易をする「ブロック経済化」が進んだ。アメリカのドル・ブロック、イギリスのスターリング・ブロック、日本も満州進出し、円ブロックを形成しようとしていた。

しかし当時のドイツは植民地を持っていなかったし、領土侵攻もしていない。つまりヒトラーは、国内政策だけで素早く景気を回復させたのだ（オーストリア併合などの侵攻は景気回復後のことである）。

その経済手腕はかなりなものだといわざるをえない。

ヒトラーは、別に難しい経済理論を知っていたわけではない。

「社会を安定させ、活気づかせるためにはどうしたらいいか」ということを、自分の経験と知識から導き出したのである。

ヒトラーが、どのようにしてドイツを世界恐慌のダメージから復興に導いたのか、この章では、まずそのことについて分析していきたい。

ドイツを蘇《よみがえ》らせた「第一次4ヵ年計画」

ヒトラーは政権を取った2日後の1933年2月1日、新しい経済計画（第一次4ヵ年計画）を発表する。

連立政権でまだ政権基盤も安定していなかったが、とにかくこれから「ドイツは変わる」という印象を国民に与えたかったのだろう。大急ぎで計画が策定され、発表されたのだ。

つまりヒトラー政権にとって、最大の懸案事項は経済政策だったのである。

この「第一次4ヵ年計画」は、

・公共事業によって失業問題を解消
・価格統制をしてインフレを抑制
・疲弊した農民、中小の手工業者を救済
・ユダヤ人や戦争利得者の利益を国民に分配
・ドイツの経済界を再編成

というのが主な内容だった。

そして彼は、国民にこう語りかけた。

「今から4年待ってほしい、4年で失業問題を解決し、ドイツ経済を立て直す」と。

この第一次4ヵ年計画の内容は一言でいえば、「底辺の人の生活を安定させる」ということである。

これはナチスにとって結党当初からの一貫したテーマである。

インフレにしろ、恐慌にしろ、経済危機が起きたとき、もっとも被害に遭うのは底辺にいる人たちである。そういう人たちが増えることで、また治安は悪化し、社会は不安定になる。その悪循環を断ち切るには彼らをまず救ってやることだと、ヒトラーやナチスは考えたのである。

そのためにナチスは、失業者や借金にあえぐ農民を思い切った方法で救済した。

「われわれが義務として最も心配しなければならぬことは、国民大衆に仕事をもたせて失業の淵へ再び沈めさせないことなのだ。上層階級が1年中多量のバターを得られるかどうかということよりも、できるならば大衆に安価なフェット（パスタ）を確実に供給し得ること、否、それよりも大衆を失業させないことがわれわれにとって重大なのだ」

ナチス党大会で、ヒトラーはこのように語っている。

そして実際にナチスはこのとおりのことを実行した。

ユダヤ人迫害や武力侵攻などばかりが取り上げられるナチスであるが、彼らにこういう面があったことを無視することはできない。彼らが熱狂的な支持を得たのは、ここに最大の理由があるからだ。

軍備よりも失業問題の解決を

ナチスというと軍事国家という印象が強い。

「ヒトラーは政権を取るや否や莫大な予算を使ってドイツを再軍備した。だから失業も減ったのだ」

と思われてきた。

しかし実際は、ナチスの初期のころは意外なほどに軍事費が少なかった。１９４２年までは、国民総生産に占める軍事費の割合は、イギリスよりも低かったのである。

つまりナチスは政権奪取以来、軍備を最優先してきたというのは誤解なのである。第二次世界大戦の緒戦、ナチスの進撃があまりに凄まじかったので、「ナチスは軍備に相当お金を

財政支出と軍事支出

（単位:10億マルク）

	財政支出	軍事支出	(%)
1934年	10.4	1.9	18.3
35年	12.8	4.0	31.2
36年	15.8	5.8	36.7
37年	20.1	8.2	40.7
38年	31.8	18.4	58.0

注:ここでは、アメリカ占領地区州評議会により調査された Statistisches Handbuch von Deutschland 所収の数字を利用した。

かけてきた」という先入観を生んだのだろう。

では、ナチスは最初のころ何にお金を使っていたのか？

アウトバーンなどの公共事業や、国民の福祉増進に使っていたのである。次章で詳しく述べるが、ナチスは労働者の福利厚生に手厚い支援をしている。ナチス・ドイツは当時の世界でもっとも充実した福利厚生制度を持っていたといっていい。

ナチスが国民のために支出した費用（軍事費以外の支出）は、１９３５年で１人当たり２１０マルクである。ナチス政権前の１９３２年は１８５マルクなので、ナチス政権のほうが国民の福祉に使ったお金は大きいということになる。

ナチスというのは、そもそもは労働者のための党であり、大衆政党を目指していたわけだ。そのため、まずはドイツ社会最大の問題である失業にその全力を傾けていたのである。

1933年7月に行なわれた帝国地方長官会議でヒトラーはこういった。

「われわれのなすべき課題は、失業対策、失業対策、そしてまた失業対策だ。失業対策が成功すれば、われわれは権威を獲得するだろう」

まさにこの言葉のとおり、ヒトラーは政権を取ると、まず一心不乱に失業対策を講じ、それを成功させることで、巨大な権威を獲得することになったのだ。

アウトバーンの奇跡

ヒトラーがどうやって失業を減らしたのかというと、高速道路アウトバーンをはじめとする公共事業によってである。

「アウトバーンの建設を最初に思いついたのはヒトラーではない。なのでアウトバーンの功績はヒトラーのものではない」

そういう歴史家も多い。

しかし、これは的を射たものではない。

確かにアウトバーンの計画自体は、ヒトラー以前にもあった。

1921年にはベルリンとバンセーを結ぶ高速道路「アーヴス」が作られ、これは国際自動車グランプリレースのコースにもなっている。また1925年、ケルン州の知事だったコンラート・アデナウアーも高速道路の建造計画を立てている。

また失業者救済のための公共事業が計画されたのは、1932年のブリュニンク内閣のときである。

だからヒトラーのアウトバーン計画は、それ以前の計画の延長線上にあるということもいえる。

アウトバーン（AFP＝時事）

しかしヒトラーの功績は、これらを「開始したこと」ではなく、これらの公共事業を「かつてない規模」で行なったということである。

ヒトラー以前の公共事業は、総額で3億2千万マルクに過ぎなかった。だから景気に及ぼす影響は微々たるものだったのである。

しかし、ヒトラーは初年度から20億マルクの予算を計上した。この思い切りこそが、ドイツ経済復興の最大の要因であろう。

アウトバーンは、ナチスの政権奪取直後に、鳴り物入りの国家事業として始められた。
1933年5月1日の国民労働祭で、ヒトラーは、6ヵ年で全長1万7千キロの高速道路「アウトバーン」を建設すると発表したのだ。その年の9月23日、ヒトラー自らが起工式を行なった。

工事が始まって3年後には1千キロが開通した。

戦争中も工事は続けられ、終戦時までには4千キロになっていた。日本の高速道路は1963年から作られ始め、現在までで総延長は6千キロである。アウトバーンの工事の迅速さ、規模の大きさがわかるはずだ。

ナチス宣伝相のゲッベルスはこう喧伝した。

「20世紀最大の土木事業であり、中国の万里の長城やエジプトのピラミッドと同じように後世に賛嘆されるだろう」

このアウトバーンをはじめ、再軍備、都市再開発などで、ドイツの失業率は一気に低下したのだ。

どうやって莫大な資金を捻出したのか？

前述したようにアウトバーンをはじめとするナチスの公共事業計画は、最初の年だけで

20億マルクが計上された。それまでの公共事業費の数倍をたった1年で費消してしまうのだ。

これは、そう簡単なものではない。

公共事業をすれば景気がよくなるのはわかっている。国の指導者はだれだって公共事業をやりたいのである。

しかし、それには金がいる。

金を用意できないために、これまでの指導者は公共事業をしてこなかったのだ。

逆にいえば、ヒトラーの秀でていた部分は、この大規模計画の資金を捻出することができたということである。

ヒトラーは資金捻出のために、世界的に有名な金融家のシャハト博士を掻《か》き口説いた。ドイツ帝国銀行の総裁、経済大臣の重要ポストに非ナチス党員であるシャハト博士を就《つ》かせたのだ。

シャハトは、第一次世界大戦後のハイパーインフレを収束させた伝説の人である。そのシャハトならば、妙案を持っているに違いないということだ。

結果的に、シャハトがこの莫大な資金を用意することになる。

シャハトのやったことは、いたって簡単である。

国債を発行し16億マルクの資金を捻出し、前期に追加計上された公共事業費の未消化分

6億マルクと合わせて22億マルクを作ったのだ。

しかし、これは実はだれにでもできることではなく、シャハトにしかできなかったことなのである。

というのも、ドイツは第一次世界大戦後、莫大な賠償金を支払うために、紙幣を乱発し天文学的なインフレ「ハイパーインフレ」を起こしている。

これは、ドイツ経済を崩壊させ、国民生活を大混乱に陥れた。その記憶がまだ生々しいときに、インフレを誘発する国債を発行することなど、普通のドイツ人にはできるものではなかった。

その点、シャハトは、ハイパーインフレを収束させたいわばインフレの専門家である。だからこそ、その「危険な国債」を発行することができたのだ。

もちろんシャハトは、インフレが起きないように綿密な計算をした。

シャハトはドイツ帝国銀行の総裁に任命されると、現段階のドイツ経済を検証し、どの程度なら国債を発行してもインフレが起きないかを計った。そして16億マルクという数字をはじき出したのだ。

この16億マルクが、ドイツを救うことになったのだ。

16億マルクを作ったのは、もちろんシャハトの功績である。ただ、ヒトラーがシャハトを選んで、ナチス前半期の経済総責任者に就かせたということは、非常に意義深い事実である。

ヒトラーというと、独断的な政策運営をしていたと見られがちである。しかし、実際のヒトラーは、有能な人材を見つけ、大仕事を任せるということも多いのだ。シャハトなどはその典型的なケースである。

経済政策は、政策の中のカナメの部分である。その重要な部分を、ナチスは自分たちで勝手にやらずに、当代一流の専門家を招いて当たらせたのだ。シャハトとヒトラーは、軍備の点で意見が合わないようになり、最終的には袂《たもと》を分かつことになる。が、シャハトのような人物がナチスで仕事をしていたことがあるということは、もっと評価されていいのではないだろうか。

世界中の高速道路のモデルとなる

ナチスの失業対策の目玉「アウトバーン」は、現代でもドイツの大動脈として生き続けている。

このアウトバーンの建設は、ドイツの科学技術を結集したものでもあった。

車3台が並んで走れる広い車線、交差点や踏切がない立体交差、居眠り運転を防ぐための適度なカーブなどなど、道路建設技術、人間工学の最先端を行くものである。

また付随設備も画期的だった。

一定の距離で、ドイツ・オートモービル・クラブというものが作られた。これは日本でいうところの「サービスエリア」や「道の駅」である。このドイツ・オートモービル・クラブは今も形を変えて残っている。

観光の要素もしっかり取り入れ、風光明媚なところには展望台が作られた。故障したときのために、あらゆる場所に電話があり修理工場があった。事故の際に医者や救急隊がすぐに駆けつけられるような連絡網も作られていた。

これらは世界中の高速道路のモデルとなった。

そしてアウトバーンは失業対策としても様々な工夫が凝らされていた。

建設費のうち46％が労働者の賃金に充てられている。これは驚異的な数字である。

たとえば日本では今でも失業対策（景気浮遊策）として、高速道路の建設が進められているが、ゼネコンなどの企業や地主に払われる金が非常に大きく、労働者に支払われる賃金は微々たるものである。

アウトバーン建設では、まず労働者の賃金から決められ逆算して予算が組まれた。またナチスの作った労働戦線という組合が企業を監視していたため、労働者のピンハネをすることは許されなかった。

また公共事業で買収する土地は、その公共事業計画が決定したときの値段を基準にされることになっていた。そのために、公共事業が決定したとたんに地価が上がり、不動産屋が一儲けするということができなくなったのだ。

労働者の待遇もよく、各所に約100個の特殊設備を施された宿舎があって、常時約2万人の労働者が宿泊していた。

またナチス労働戦線の慰安娯楽局が、アウトバーン工事現場の各宿舎を定期的に回り、スポーツや読書、映画上映会や演劇会までも催されていた。

奥深い山や谷の工事現場で、映画会やスポーツ大会が開かれるのである。ドイツ国民は驚いたはずである。そして新しい時代の到来を強く感じたのではないだろうか。

なぜナチスの公共事業は絶大な効果があったのか？

「公共事業を行なって景気を刺激する」

ということは、ナチス以外の国々でも行なわれてきている。

アメリカのニューディール政策や、バブル以降の日本でもよく行なわれている。しかし、いまだかつてナチスのような絶大な効果を挙げた国はない。

90年代に日本で行なわれた公共事業の規模は500兆円。国の歳出の6、7年分にあたる。

ヒトラー政権前後の工業生産（1928～38年）

（1929年＝100％）

	総生産	機械	乗用車	紡績	製鉄	石炭
1928年	98.6	99.1	109.8	108.2	89.0	92.1
29年	100.0	100.0	100.0	100.0	100.0	100.0
30年	85.9	82.4	72.4	97.4	73.0	87.0
31年	67.6	59.0	51.3	94.9	45.7	72.5
32年	53.3	39.2	31.4	86.6	29.6	64.0
33年	60.7	46.8	65.5	98.1	39.7	67.0
34年	79.8	62.5	104.9	106.8	65.9	76.3
35年	94.0	82.1	149.4	98.5	91.2	87.5
36年	105.3	98.7	177.6	106.5	115.2	96.6
37年	117.2	119.6	214.4	108.1	120.2	112.9
38年	127.6	138.3	187.3	115.8	143.5	116.5

ヒトラー首相就任（33年）

資料：L.O.N.,MONTHLY BULLECTIN OF SATISTICS 1938,NO.12,P584-588

ナチスはアウトバーン建設の最初の年でも、投入された金は歳出の30％程度なので、支出規模だけでいうならば、日本の90年代の公共事業のほうがはるかに大きい。

しかし、日本ではそれほど景気への効果は表れていない。

なぜナチスの公共事業だけが目覚ましい結果を生み出すことができたのか？

ナチスの公共事業と日本の公共事業はどう違うのだろうか？

ポイントは3つあると考えられる。

まずナチスの公共事業は、その支出の多くが労働者に振り分けられるようにされていたことである。前述したように、アウトバーンの建設では、建設費の46％までが労働者の賃金になっている。

労働者の取り分が多くなるということは、道徳的な可否とは別に、経済学的にも景気対策としては「正しいこと」なのである。

公共投資においては、投資した金が、貯金に回される額が少なければ少ないほど、景気への効果は高い。労働者の場合、低所得者が多いので、賃金のほとんどは消費に回される。その消費がまた景気の効果を生み出すのである。

経済学でいうところの「乗数効果」が得られるということである。

実際、ナチスの公共事業が始まってから、衣料品などの需要が増えた。失業者が今まで買い控えていた服を買えるようになったため、衣料業界の景気がよくなったのだ。衣料業界の景気がよくなれば、それがまた別の業界の景気拡大効果をもたらす。そのようにして短期間で産業全体に景気の波及効果があったわけである。

一方、日本の公共事業の場合、地主や大手ゼネコンに支払われる金が大きい。建設費は、大手ゼネコンから中堅業者、零細業者という具合にピラミッド式にお金が流れて行くようになっているため、労働者の取り分は非常に少ない。

つまり日本の公共事業では、投資したお金は地主や大手ゼネコンの蓄財に回るので、あまり消費拡大にはつながらない。その結果、景気への波及効果はほとんどないのだ。

そして次に考えられる理由に、ナチスの公共事業は、適切な事業内容が選択されていたということである。

たとえば、アウトバーン。

これはドイツにとって初めての本格的な高速道路であり、現在もドイツの大動脈になっていることからもわかるように、ドイツの産業が活性化するのに大変役に立っている。

自動車の販売台数も、アウトバーンの建設と呼応する形でうなぎ登りに伸びている。アウトバーン前後の自動車販売数は次のとおりである。

1932年（アウトバーン建設前）　4万台
1933年（アウトバーン建設開始）　7万台
1936年（アウトバーン建設最盛期）　21万台

つまりアウトバーンは、ドイツ経済にとってもっとも必要なものが、もっとも必要な時期に作られたということなのだ。

一方、日本の公共事業の場合は、アウトバーンと同じ「道路」が中心ではあるが、全国の交通網はひととおり整備されており、ことさらに必要がない道路ばかりが建設された。だから産業の活性化につながらなかったのだ。

そしてもうひとつ考えられる理由は、ナチスの公共事業は、一定の時期に集中的に行なわれているということである。

ナチスは不況がもっとも酷かった1933年に、莫大な予算を集中して投入した。その結果、ドイツ経済自体の潜在能力を素早く引き出すことに成功した。公共事業を開始して2、3年後には、建設業以外の業界が活気づいて、産業界全体の景気が回復したのである。

それに対して、日本の90年代の公共事業では、約500兆もの資金を10年間にわたって分散投資した。その結果、建設業界はすっかり公共事業に頼る体質になってしまい、しかも公共事業関係以外の業界はあまり活気づかなかった。

総じていえば、「公共事業は時と場合によっては、絶大な経済効果をもたらすが、ただやみくもにやればいいというわけではない」ということだ。

もちろん、ナチスの公共事業がこれほど合理的だったのは、地域の選挙民の機嫌を取らなくていい独裁体制だったからということもできる。

逆にいえば、地域の利権が網の目のように張り巡らされている日本では、公共事業を行なっても地方の金持ちを潤すだけで終わるので、そうそう経済効果を上げられるものではないということである。

国民に暗示をかけて不況脱出

ナチスの経済的成功の要因に、宣伝効果があるといえる。

ヒトラーは首相になるとすぐに、宣伝省という新しい省を作らせ、かのゲッベルスを大臣に据えている。

ゲッベルスは、当時最新のメディアだったラジオを十二分に使い、レコード、映画、ポスターなどを総動員して、ナチス政治の宣伝に努めた。

「国民を洗脳支配した」などとして、批判の対象となることが多いこの宣伝省だが、ナチスの政策を潤滑に稼働させた大きな要因でもある。

ナチスは宣伝省を使って、自分たちがやろうとしていることを国民に十二分に説明した。それは国民にとって、「何か新しいことが起きている」ということを実感させるものであり、「社会は復興に向かっている」ということを確認させるものでもあった。

これは景気にも好影響を与えたのではないだろうか？

「景気の波」がなぜ起きるのかということは、今もまだ解明されていない。しかし、人の心理が景気の波にかなり影響を与えることは、多くの経済学者の指摘しているところである。

そもそも「富を生み出す能力」というのは、そう急に変動するものではない。にもかかわらず、景気がよくなったり悪くなったりするということは、富が増減しているのではなく、単に金の回りが悪くなっているということである。

そしてこの金回りというのは、いったん悪くなるとますます悪くなる。景気が悪くなると、人はこの先、どれだけお金を得られるかどうか不安になるので、あまり物を買わなくなる。物が売れないので、ますます景気が悪くなるのである。

しかし、逆に景気がいいときは、景気が景気を呼ぶということになる。人は安心して物をどんどん買うので、それがまた景気を刺激するわけである。

となれば、国民に「景気は上向いている」とメッセージを送ることは、有効な景気対策だといえるのではないだろうか？

ヒトラー、ナチスもその点を十二分にわきまえていたようだ。

1933年に始まったアウトバーンの建設はそれを象徴するものである。ヒトラーの鍬入れの様子、作業現場にシャベルを担いで行進していく労働者の隊列、その映像を見て、民衆は安心する。

「この大がかりな高速道路を建設することで、ドイツは失業がなくなり発展するんだ」と。

またナチスは、それ以前の政権に比べて格段に統制が厳しくなったにもかかわらず、デモやストライキなど、市民の不満を伴った社会運動はあまり起きなかった。

これにも宣伝が大きく関係していると考えられる。

ナチスは、新しい主要な法律などを作ったときには、すぐにその夜ラジオでヒトラーやナチスの首脳が、その法律の趣旨などの説明をする。また街中のいたるところにポスターがあり、政策に関するメッセージを発している。その情報を受けて、国民は納得したのだ。

ただやみくもに統制ばかりをされれば反発も起きるが、その理由をきちんと説明されているので、反発は起きにくかったのだろう。

中高年を優先的に雇用する

ナチスの雇用政策で興味深いのは、妻や子供がいる中高年の雇用を優先していることである。

一家の大黒柱を雇用すれば、取りあえずその一家は飢えずにすむ。それは社会心理の上でも安定につながる。

しかし雇用を市場に任せていれば、中高年の雇用はあまり守られない。同じ能力ならば、企業は若い人を雇いたがるからだ。

なので、ナチスは、その部分にテコ入れをしたわけである。

工場で欠員が出た場合は、中高年労働者を優先的に採用するように決められた。これは道徳的順守義務となっていたが、もし雇い主がそれを守らない場合は、国家による強制もあった。

1934年8月には、職業紹介局長に、「青年労働者を中高年労働者に換える権限」が与えられた。この処置で、1年間、13万人の中高年失業者が職を得られた。同じ職を与えるなら養う家族が多いものを優先する、そうすれば社会全体の重荷は減る、それがナチスの考え方である。

この配置転換は、しかしすぐに廃止された。配置転換をせずとも、失業者がほとんどいなくなったからである。

発足当時ナチス政権は、女性は家庭に帰そうという政策を採った。男性の多くが失業していたので、女性よりも男性の就職を優先させたのだ。当時は、女性の賃金のほうが安かったので企業は女性を雇うケースが多かったが、これをやめさせてなるべく男性を雇うよう働きかけたのだ。

1934年5月には、ベルリン、ハンブルク、ブレーメン、ザール地方に、労働局の許可なく流入することを禁じる法律が出された。大都市には農村や地方都市から、労働者が流入してきて、それが失業率増加の一因になっていたからだ。その結果、2年でこれらの都市の失業者が3分の2減少した。

ナチスの大規模店舗法

ナチスは、中小企業や小規模農家を救うというのがテーマのひとつだった。第一次世界大戦やハイパーインフレ、世界恐慌などでもっとも被害を受けたのは経済基盤の弱い中小企業や小規模農家だったからだ。

中世においてハンザ同盟の中心地だったドイツは、古くから中小の商工業者によって栄えてきたところなのである。

衣料、金属、木材、建築、食料品、印刷など、様々な分野で中小企業が根を張って活動している。ナチス時代でも人口の12％、７００万人以上が中小企業で働いていた。

この中小企業主たちはナチスを支持していた。

ナチスはその党綱領の中で、大規模小売店（デパート）を規制すると謳《うた》っていたからである。当時、デパートなどの大型商業施設ができ始めたときであり、中小の商店はこれに圧迫されていた。中小の商店主たちは、ナチスにそれを食い止めてほしかったのだ。

ヒトラーが政権を取ると、それはすぐに実行に移された。小売店の新たな出店、大規模の小売店の出店が制限されたのだ。

新たに小売店などを始めるときは、当局の許可が必要になった。当局は、地域の店舗数、人口などを考慮し、許可するかどうかを決めた。

この大規模店の出店規制というのは、日本でもときどき問題になることである。自由主義の原則からいうならば、規制はよくないことである。自由に競争して、市場の支持を得られたほうが勝つ、それが自由主義、資本主義の原則である。

だから百貨店やスーパーが進出し、地元の商店が淘汰されても、それは自由競争の原則に従っているだけである。

しかし最近のシャッター通りと化した日本の商店街を見ると、はたしてこれが正しいのかと思われることはないだろうか？

百貨店やスーパーは確かに便利だし、価格も安い。経済効率の面で見れば、百貨店やスーパーの圧勝となるだろう。

しかし商店街という「地域財産」の消滅や、廃業した人の社会保障を考えると、本当に経済効率がいいのだろうか、と考えてしまうのは筆者だけではないだろう。

ナチスのような規制は極端だとしても、ただ自由な競争に任せることが、最善だとはいえないのではないだろうか。徹底的に経済効率を高めることが、必ずしも心豊かな生活を営むこととイコールではないのではないか。ナチスの政策を見ていると、そういうことを考えさせられる。

ちなみに現在でも、ドイツは百貨店に対して規制が強いことで知られている。ナチスの考え方を受け継いでいるといえるのだ。

また、官公庁が備品などを購入する際には、中小の商店が優先的に指名されるようになっていた。官公庁は一定以下の規模の業者にしか、発注してはならないようにしていたのだ。特定の大手業者が官公庁と癒着して、独占的に納入することが多い日本にも、ぜひ取り入れてほしい制度である。

中小企業の貸し渋り対策

またナチスは、中小企業への金融制度も充実させた。

世界恐慌後のドイツは、金融不安から銀行の取りつけ騒ぎが相次ぎ、中小企業への貸し渋りが横行していた。

バブル崩壊後の日本と同じようなものである。

中小企業者は資金繰りに困り、仕入や原材料の購入もできない有様だった。ナチスが政権を取る直前の１９３２年には、既存の中小企業信用組合に1万5千件の融資申し込みがあったが、融資を受けられたのはわずか１３５件だった。

ナチスはこの貸し渋りに、ユニークな対策を講じ成果を上げていた。

その最たるものが信用保証制度である。

ドイツはもともと中小企業の金融が発達した国だったが、ナチスになってさらに制度が充実したのである。

1934年3月にベルリン保証協会というものが作られた。

このベルリン保証協会はベルリン商工会議所、ベルリン手工業会議所、ベルリン独逸中央銀行集会所、ベルリン独逸産業組合連盟およびベルリン市の5団体が出資している。

事務所はベルリンに置かれ存続期間は3年である。この協会の目的は協会が保証人となって中小企業への資金融資をしやすくすることである。融通する金融機関は銀行、貯蓄金庫、信用組合等である。

融資額は1口5千マルクで、利子は5.5%。一事業者につき2口借りることができたので、1万マルクまでの融資が受けられることになる。

この融資には資金の用途に制限があって、単純な運転資金にしか使えない。固定資産の購入や、借金の返済には使えないことになっている。貸出の期間は最長2年となっているが、実際は4ヵ月から6ヵ月がほとんどである。

これはまさに中小企業の「つなぎ融資」に特化した制度だといえる。

金融不安になっているとき、中小企業がもっとも苦労するのは「つなぎ融資」の調達である。今までうまくいっていた企業でも、つなぎ融資が途切れるとたちまち破綻してしまう。

それを防ぐのがこの保証協会の目的だといえる。

融資の審査は、協会内の委員会によって行なわれる。委員会は、協会に出資している5機関の代表者、ナチスの代表者、労働局の代表者を加えた7名で構成されている。

今まで順調に経営してきた企業などは、ほぼ融資を受けることができた。ずっと黒字で経営してきたのに、いきなり貸しはがしで倒産などということを防止したのである。1934年3月から翌年までに、この制度で行なわれた融資額は267万4千885マルクに上っている。

ドイツにはこのベルリン保証協会のほか、クールマルク保証協会、ヘッセン保証協会、ライン保証協会等あわせて4協会が設立されている。

ナチスの経済対策というと、「再軍備」と「強権的な経済統制」ばかりがクローズアップされるが、実はこのようなきめの細かい施策を行なっていたのである。

昨今、日本でも貸し渋り対策は行なわれているが、それは銀行に資金を注入して、貸し渋りをしないように指導するだけである。貸し渋りをするかどうかは、銀行の判断に任されているので、当然のごとく貸し渋りはなくならない。

また東京都のように、のべつまくなし貸し出して大失敗という例もある。

ナチスのこのようなきめの細かい対策は、見習うべきものがあるのではないだろうか？

価格統制

ナチスにとって、「物価の安定」も、失業問題と並んで最重要課題だった。

第一次世界大戦後、ハイパーインフレで大混乱に陥ったドイツにとって、インフレは何よりも怖いものだった。

その一方、ドイツはデフレでも悩まされた経験がある。世界大恐慌で農産物の価格が暴落すると、ドイツの農家の多くが窮地に陥った。つまり、第一次世界大戦後のドイツは、急激なインフレと、急激なデフレの両方に苦しめられたのだ。

物価の乱高下は、社会を不安にする。物価の安定はナチスにとって切実かつ緊急な問題だった。

ヒトラーは政権を取るとすぐに穀物価格安定法という法律を作って、穀物の価格を固定した。これは農産物の暴落を防ぐための処置である。

もちろん、まったく固定してしまうと、農家の向上意欲も損なうし、消費者側からの反発もあるので、市民の所得レベルを見ながら最低価格を設定するという方法が採られた。その価格以上であれば、売買していいという設定である。

また1934年秋には価格管理官という官僚が作られ（以前にもあったものを復活させた）、原料や重要食料品の価格を統制した。

１９３５年4月には、食料品などに関する不正な値上げを防止する法律が施行されている。これは肉や穀類の販売値段は、仲買人の手数料から小売商人の利益にいたるまで、法律によって決められるというものである。

もし法定価格以上の値段で販売していた場合、当該官庁にその旨を届け出ると、販売したほうはすぐに営業停止を命じられ、超過した金額は払い戻されることになっていた。

ナチスの物価統制は迅速だった。

たとえば、ベルリン・オリンピック前後、卵や肉類が市場において不足し、価格が上がった。すると１９３６年10月16日ギュートナー法相が、物価引上げに対する警告を出した。そして10月22日には、肉類に関して細かい値段を定めた法令が出された。

農家の借金を凍結する

ナチスには「血と土」というスローガンがあった。

「農業は民族の基本なので大事にしよう」

ということである。

当時の社会は、急激な工業化が進んだために、自然回帰思想が巻き起こりつつあった時期である。その先端の流行思想をナチスは取り入れたのだ。いわば「ロハス」の先駆けともいえる。

当然、ナチスは農家に手厚い保護をした。

世界恐慌でもっともダメージを受けていたのは農家だった。農産物の暴落で収入減となった上、ドイツの外貨不足により外国から肥料などが入らなくなったからだ。

当時のドイツには巨額の債務を抱えて、土地を手放さざるを得なくなった農家がたくさんいた。

そのためナチスは、世襲農場法という法律を作った。

世襲農場法は、一定の条件を満たす農家は、農地を借金のカタに取られないようになり、大きな借金を背負っている場合は、返済できる金額まで引き下げられるという法律だった。

一定の条件というのは、

・7.5ヘクタール以上125ヘクタール以内の農地を経営していること

・正統なドイツ人であること

・男子1人に農場を継がせること

などである。

125ヘクタール以内という条件は、ちょっと不思議に思われるかもしれない。ユンカーと呼ばれる貴族的な農場主に対しては、この法律の恩恵を受けさせないようにしたのだ。ナチスは、弱小農民の味方というわけである。

これらの条件を満たせば、ドイツの正統な「農民」と認められ、借金があったとしても、農地や農機具を取られることはない。

債務を抱えている農家は、新しく作られた「債務償却銀行」に、毎年支払い可能な額を払い込めば、これまでの借金はそれですべてOKということになった。債務は、「債務償却銀行」が立て替え払いしてくれるというわけだ。

この法律の適用を受けた農民は、その引き換えとして、今後土地の売買はできなくなるし、ドイツの名誉ある農民として、農作物の調整などに進んで協力しなければならなかった。

1938年の時点で、この法律の適用を受けた「世襲農場主」の農地は、ドイツの全農地の38%に及んだ。

またナチスは半年間、都会の青年有志を農業支援に赴《おもむ》かせた。最近、日本でも都会人がボランティアを兼ねた農業体験をする「援農」がときどき行なわれているが、それを大がかりにしたものだといえる。

1933年から1935年の2年間で、平均10万人の青年が農村に行っている。農家は、宿泊場所と食事だけを提供し、青年たちには職業紹介失業保険局から若干の給料が支払われる。

これは農業支援に加えて、青年の非行防止の意味もあった。当時は中高年の雇用を優先したため、職を失った青年が多かった。やることがなくなった青年が非行に走るのを防ぐために、農村で勤労させようというわけである。

青年たちの中には、6ヵ月を過ぎても引き続き、農村で働く者もかなりいたという。

オリンピックをビッグビジネスに変える

オリンピックというと、現在ではすっかりビッグビジネスになっている。世界中の国々が目の色を変えて誘致合戦を繰り広げている。

しかし、このオリンピック、以前は単なるスポーツ大会に過ぎなかった。

オリンピックをビジネスチャンスと捉え、巨大なイベントにしようとした最初の国がナチス・ドイツだといえる。

ナチスは、オリンピックに様々な新趣向を持ち込み、世界的な大イベントに変貌させた。

そして「ドイツの復興」と「ナチスの威信」を世界中に向けて発信し、各国の投資家たちの投資意欲をかき立たせたのだ。

オリンピックの1936年ベルリンでの開催は、1932年にバルセロナで開かれたIO

C（国際オリンピック委員会）で決められた。

ナチスが政権を取る半年前のことである。

当初、ヒトラーはオリンピックにはそれほど関心を持っていなかったという。というより、あまりよく思っていなかった。

「ユダヤ主義に汚れた芝居など、国家社会主義の支配するドイツでは上演できないだろう」

そんなこともいっていたという。

しかしだれかに入れ知恵されたのか、自分で思いついたのか、ヒトラーは「オリンピックはナチスを世界に認知させる絶好の機会だ」と考えるようになったのだ。

そうなると徹底的にやるのが、ヒトラーであり、ドイツ人である。

「ベルリン・オリンピックを史上最高のオリンピックにする」

それがナチスのオリンピックにおける命題になった。

「ドイツが世界の招待主をはたすのだから、準備はどこから見ても完璧、壮大でなければならない」

ヒトラーはオリンピック計画を大幅に変更させた。

メインスタジアムは、当初は今までの競技場を改築して使用する予定だったが、ヒトラーの一声で10万人収容の新しい競技場を建てることになった。しかも新競技場はコンクリートではなく、自然石で作られるというのだ。

この競技場はまた機能的でもあった。

前回のロサンゼルス・オリンピックの競技場は、満員の観客が退場するには15分30秒を要したが、ベルリンの競技場はわずか2分で済んだのだ。

競技場の横には、大きな野外劇場も作られることになった。

そのほかの関連施設も、莫大な予算が組まれ、最高の設備が整えられた。

競技に関しても、最大の配慮がなされた。

レース判定のために1千分の1秒まで計れるカメラが開発された。メインスタジアムのゲートには、マラソン競技のための巨大な時計が備えつけられた。大会の日程は過去のデータからもっとも気候のいい時期を選んで決定された。これらの工夫の多くは、後年のオリンピックでも使われている。

またナチスは、オリンピックを盛り上げるために聖火リレーを導入した。

古代オリンピックの発祥地であるオリンピアで五輪の火を採火し、トーチで開会式のメインスタジアムまで運ぶというこの聖火リレー、実はこのベルリン大会が起源なのだ。

ドイツ人は、お祭りのときにたいまつを使う。それがヒントとなって、聖火リレーが考え出されたのだ。

この大会では、オリンピックで初めてテレビ中継が行なわれた。

オリンピックの各会場には白い大砲のようなテレビカメラが備え付けられた。ドイツではすでにテレビ放送を開始しており、ベルリン市内数ヵ所に街頭テレビが設置されていた。

オリンピック中継は、午前10時から正午まで、午後3時から7時まで、夜8時から10時まで、計3回8時間行なわれた。ポロでは馬のシルエットしか見えなかったり、選手たちの姿もはっきりとはわからないなど、まだ技術的には未完成ではあったが、人々の好奇心を誘うには十分だった。

テレビホールには、たくさんのドイツ市民が押しかけ、のべ16万人がテレビ中継でオリンピックを見たとされる。

記録映画も初めて作られた。

女性監督レニ・リーフェンシュタール（１９０２〜２００３）による「民族の祭典」「美の祭典」の2部作である。ドキュメンタリー映画の金字塔ともいわれている映画である。

ベネチア国際映画祭では金獅子賞（グランプリ）を受賞し、その後のスポーツ記録映画に大きな影響を与えた。オリンピック委員会は、この後のすべてのオリンピックで記録映画を作ることにした。

またナチスは、オリンピックに参加する選手や外国人観光客のためにいたれりつくせりの対応をしていた。

選手村は、森が広がる自然情緒溢れる環境の中にあった。

建物は陸軍の技術者に建設が委託された。レンガとコンクリートで作られ、24～26人の定員、バスとトイレがついていた。

部屋には各国の生活に合わせた設備が整えられていた。たとえばアメリカ人にはマットレス、スイス、オーストリアには羽根布団、日本人には綿布団という具合である。しかも各棟にはチームの母国語を話す執事が2人ずつ常駐していた。

食事はノース・ジャーマン・ロイド会社が委託され、各国の料理を用意した。

アメリカ人には、ビーフステーキ、アイスクリームが、フランス人には良質なワインが、イギリス人にはオートミール、紅茶、日本人にはごはんと漬物までが用意された。

湖のほとりの丸太小屋には、サウナ風呂が設置されていた。夜は、動物の曲芸などのショーや映画、花火やベルリン・フィルの演奏まであった。

またドイツ鉄道公社は、オリンピックに訪れる外国人旅行者に60％の割引をした。ベルリン行きの列車には、オリンピックの係員が同乗しており、宿を確保していない客も、全滞在期間の予約ができたという。

ブレーメンには、オリンピックオフィスが設けられており、船で着いた客は、そこで手厚いガイドを受けられた。

ベルリン市内には、いたるところにバッジをつけた通訳がいた。全部で５００人、オリンピックのために緊急に養成された。

「ユダヤ人と思われる観光客にも友好的で親切にしよう」

という注意も出されていた。

もっとも大事にされたのは報道関係者だった。

世界にドイツがどう思われるかは、彼らにかかっていたからだ。メインスタジアムの報道席は、ヒトラーや各国の要人が集うロイヤルボックスの真上という特等席にしつらえてあった。

宣伝省は、各国マスコミのために、あらかじめオリンピック施設やドイツの名所などを写したアルバムを用意していた。

またベルリンの古いビルが改造されて、プレスセンターとなっていた。ここには３００以上の机、たくさんのタイプライター、電話ボックス、現像室などが作られ、オリンピック関連の様々な資料も用意された。各国語専門のタイピストまでが待機していた。

各国の要人、報道陣を招いたパーティーが何十回も開かれた。そこでは各種のプレゼント攻勢もあった。

「私たちは、ドイツ国民が親切で公平、寛大なホスト役をみごとに果たしたのを見たばかりだ」

アメリカのジャーナリスト、ジョン・T・マクガヴァンはベルリン・オリンピックのことをこう書いた。ベルリン・オリンピックに来た選手や観光客のほとんどは、同じ感想を持っていたといわれている。

当時ナチスは、ユダヤ人迫害政策などのために各国から批判を浴び、ドイツからの輸入や、ドイツへの投資を控える国も多かった。しかし、このオリンピックは、世界各国のナチスを見る目を変えさせた。ナチス・ドイツがさらなる経済成長をするきっかけとなったのである。

少子化対策とニート対策

ヒトラーが政権を取ったとき、ドイツは少子化問題も抱えていた。

当時、人口学者のブルクデルファーが「今のままの出生率ではドイツ民族は人口が減り衰退、滅亡してしまう」という論文を発表していた。

当時のドイツは、死亡者よりも出生が上回っており、出生率もそれほど低いものではなかったが、人口ピラミッドから見れば、将来的には人口減少に転じるということだった。

また当時は５６０万人もの失業者がおり、若くても職に就けないものも多かった。結婚したくてもできない若者も多数おり、それが出生率を下げる要因のひとつになっていたのだ。

この問題を解消するため１９３３年、ナチスは政権を取るとすぐに、結婚資金貸付法という法律を施行した。

これはお金のない人が結婚するときに資金を貸し付ける制度で、１千マルクを無利子で借りられた。

当時の1千マルクは労働者の半年分以上の賃金だった。今の日本に置き換えるなら、百数十万円から２００万円程度というところだろう。

またこの貸付金は、子供を１人産むごとに返済金の４分の１が免除され、４人産んだ夫婦は全額返済免除となった。

その結果、１９３２年には51万件だった結婚数が、１９３３年には63万件、１９３４年には73万件に増加し、出生数は20％も上がった。

この結婚貸付金の制度は、当初は失業対策でもあった。

当時のドイツには、若い失業者が溢れていた。彼らは何をするわけでもなく、いわばニートの状態だった。彼らの中には非行に走るものも多く、社会不安の材料ともなっていた。ナチスは、突撃隊という私設軍隊のようなものを持っていたが、これは若者たちに住む場所と食べ物を与えるという意味もあったのだ。この突撃隊は、多いときには400万人もいた。若者の失業者がどれほど多かったか、ということである。

そこで若い彼らを結婚させ、落ち着かせようとしたわけである。

そしてこの制度を受けるためには、女性は仕事を辞めなければならなかった。つまり女性に結婚退職させ、男の失業を減らそうとしたのだ。

前述したようにナチス政権は、発足当初女性は家庭に帰そうという政策を採った。この結婚貸付制度もその一環であり、女性の職を男性に置きかえることで、社会不安をなくそうとしたのだ。女性は失業しても社会に与える不安は少ないが、男性が失業すると、大きな社会不安になったからだ。しかし経済復興とともに人手不足となり女性退職の条件は外された。

また結婚貸付金は景気対策でもあった。

結婚貸付金は、現金ではなく「需要喚起券」という証券で支払われた。この需要喚起券は、特定の商店での買い物に使える商品券のようなものだった。

つまりこの制度によって、若い夫婦は補助金を使って家財道具などを買う。それで産業の活性化につながるというのである。

日本でも今、深刻な少子高齢化問題を抱えている。そしてフリーターやニートなど、低所得の若者の問題もある。

ナチス・ドイツと似たような問題を抱えているわけだ。

ナチスの採った方法をそのまま移植できるわけではないだろうが、かなり参考にはなるのではないだろうか？

仕事やお金がないために、結婚ができない、結婚どころではないという若者は、日本で確実に増えているのだから。

意外に柔軟な政策

ナチスには「失業の解消」や「中小企業、零細農家の救済」という目標があったが、その方法には、特別に固定されたものはなかった。

ナチスの経済政策の特徴は、大きな目的は定められているが、そのやり方は柔軟に選択していく、というものである。

ナチスは社会主義と資本主義のいいとこ取りのような経済思想を持っていた。

また大きな政策の転換も何度かあった。

当初、ナチスは、その社会主義的政策の一環として大手普通銀行や大企業の多くを国有化した。これは金融危機で瀕死になっていた銀行や企業を救済する意味もあった。

しかし1937年には、国有化した大手普通銀行を民間に戻し、政府が保有していた造船会社大手の「ブレーメン造船」、製鉄大手の「合同製鋼」、運輸会社大手の「ハンブルク南米汽船」などの株も売却した。

これは企業を国有化すると、効率が悪いということがわかったからである。ナチスは効率ということを非常に重視していたのである。

またナチスは産業界を再編成したことで知られるが、これもただ強権的になされたのではなく、硬軟取り混ぜた政策で行なわれたものである。

経済界を工業、手工業、商業、銀行、保険、動力の6つに分け、業界団体を作った。各団体には指導者を置いて、指導管理を行なっていた。

これだけ見ると社会主義的に見えるが、中身はそうでもなかった。

各団体の指導者は、ナチスから派遣されるわけではなく、その業界で最も権威のあるものがなっているのだ。たとえば、最大の団体である工業部門では、クルップの社長が指導者になっていた。

また各業界が団体によって管理されるといっても、社会主義のような厳しい統制があるわけではなく、原則として、企業の私的経営が認められている。ただ純然たる資本主義と違う部分は、企業の「私利の追求」よりも、国益、公益が優先されるということである。

公共事業で支出した金を回収するシステム

これまで見てきたように、ナチスは莫大な公共投資をすることで、ドイツ経済を復興させた。ナチスはさらに巧妙なことに、ただお金を出しっぱなしにしているわけではなかった。投資した金を回収するシステムも作っていたのだ。

ナチスは、景気対策で企業の業績が上向きになったのを見て、配当制限法という法律を作った。

これは企業は資本の6%以上の配当をしてはならない、というものである。もし6%以上の利益が出た場合は、公債を購入することが義務づけられたのだ。

そのため、公共事業で投資した金は、次のような順序で国庫に戻ってくる仕組みになったのだ。

公共投資
↓
景気回復

↓
企業の収益が上がる
↓
公債購入

この仕組みは、企業だけでなく個人も似たようなものだった。

個人は、賃金が増えた分を貯蓄に回すように奨励された。

またナチスは、国民に貯蓄をさせるために、今でいうところの財形貯蓄のような制度を考え出していた。

日給の労働者は1日1マルク、週給のものは6マルク、月給のものは26マルクを国の作った共済に積み立てれば、この積み立て金の利子には税金がかからないというものである。

この制度は、定期預金と同じように期間が定められて、満期になるまでは引き出せない。ただし利子は引き出すことができた。

また貯金した金額は、所得税の対象となる収入から除外されたので、所得税も安くなった。そのため強制加入ではないのに、加入者は400万人以上に達し、1942年の時点で総額は650億マルクにもなった。

またこのほかにも、ナチスは様々な形で貯金を奨励した。住宅貯蓄組合では「戦時は節約して、戦後は家を建てましょう！」という標語で住宅貯金を募った。

また宣伝省は、ことあるごとに「無駄遣いをせずに貯金をしましょう」と呼びかけた。

1938年から1942年の間に、個人貯金は4倍になって446億マルクになった。

こうして集められた貯金は、ほとんどが国庫へと向かうことになる。

当時、ドイツ企業は1920年代に設備投資が終わったばかりだったので、銀行借り入れをあまり必要としていなかった。必然的に銀行の資金は、公債に向かうことになった。

つまり、国全体の儲けは、公債購入という形で国庫に戻ってくるようになっていたのだ。

ナチスが莫大な出費を重ねつつ、破綻しなかったのは、こういうシステムがあったからなのだ。

ただし敗戦により、貯金した者たち、公債を買っていた企業、銀行はその財産の多くを失った。

フランスよりもナチスを選んだザール住民

「ナチス・ドイツは、市民生活を犠牲にした軍事国家」

というイメージがある。

連合国軍は、第二次世界大戦の後半、解放軍としてヨーロッパに上陸してきた。ナチス・

ドイツはすっかり圧政者の役回りを演じさせられることになった。映画などでもさんざん描かれてきたので、それを100%の真実として受け取っている人も多いだろう。

しかし、これは戦後、連合国側が植えつけたイメージである。

実際のところ、市民はナチスに対してそれほど悪い印象は持っていなかったのだ。ナチスの時代(戦争開始以前)は、景気もよく、治安も目に見えてよくなっていた。娯楽や福祉制度も発達し、決して住みにくい国ではなかったようだ。

前述したように、1951年のアンケート調査では、1933年から1939年までがドイツにとってもっともいい時代だったという回答結果もある。映画で描かれるような秘密警察が銃を突きつけて、市民をしょっぴいていくのは、ごくごく一面的な姿なのである。

ここで興味深いエピソードを紹介しよう。

実はナチスの時代に、ナチスに従属するか、フランスに従属するかを住民投票した地域があるのだ。

その地域とはザールである。

ザール地方は、もともとドイツ領だったが、ベルサイユ条約により15年間フランスに委任統治されていた。

その15年の期限が切れる1935年、ザールの住民に対し、フランス国民になるか、ドイツ国民になるかの住民投票が行なわれた。

その結果は、なんと住民の90%がドイツ国民であることを望んだのである。

ザール地方がもともとドイツ語圏だったということは大きな理由だろう。

しかし、それにしても90%というのは、かなり決定的な数字なのではないだろうか？

もしフランスが善政を敷いていたなら、これほど大きな差は出なかったのではないだろうか？

このため鉱物資源豊富なザール地方をドイツは再び手に入れることになった。

1935年3月1日、メルセデスに乗ったヒトラーを、ザールの人々は熱狂的に迎えた。


もうひとつの大プロジェクト「世界首都計画」


ヒトラーはアウトバーンと並んで、もうひとつ巨大なプロジェクトを進行させていた。

それはベルリンを大改造し、ゲルマニアという世界の首都となる街を作るというものである。

これは「ゲルマニア計画」と呼ばれた。ヒトラーは古代ローマで呼ばれていたドイツ地方の名を、ベルリンの新しい地名、世界首都の地名にしようと考えたのだ。

ナチスが政権を取ってすぐに、ベルリンの再開発が計画された。ヒトラーは、若いころ建築家を志望していた。なので、建築物にことさらに興味が深い。そして、ドイツの都市建築にあまりいい印象を持っていなかった。先進的な大都市だが、華やかさがないと思っていたのだ。ヒトラーは、ウィーンやパリにも負けないような「花の都」を作りたかったのだ。

そのためゲルマニア計画では、世界中のあらゆる都市を凌駕《りょうが》するように設計されていた。この構想の出発点はパリにある。ヒトラーはフランスを敵視しながらも、その文化には強い憧れを持っていた。ベルリン再開発では、パリを超えることを意識されていたのだ。

メインストリートの道幅は120メートル。これはシャンゼリゼ通りよりも20メートル広い。日本の銀座の中央通りの幅がだいたい30メートルくらいなので、その4倍もあるのだ。これがベルリンを南北に5キロ縦断する。

メインストリートは十字になっており、4つの末端には、それぞれ飛行場が置かれる。飛行場を4つも持つ都市、それだけでこの計画のスケールの大きさがわかるだろう。この十字を中心に環状道路が6本、放射状道路が17本作られる。

メインストリートの出発点となるベルリン中央駅は、上下4層のプラットホームを持ち、各階はエスカレーターとエレベーターで連絡されている。ニューヨークのグランド・セントラル駅よりもさらに大きなものである。

駅前広場は、長さ1キロ、幅300メートル、東京ドーム6個分という広大なものである。

エジプト王朝の白羊宮《はくようきゅう》通りを真似たものだ。この広場の入場口には、パリの凱旋門よりも大きいヒトラーの凱旋門が設置される。

凱旋門から始まるメインストリートには、11の政庁ビルと、2万人収容の大衆映画館、オペラなどの劇場群、コンサートホール、ベッド数1千500の21階建てホテル、豪華大レストラン、ローマ帝国の大浴場と同じ規模の屋内プールなどが作られる。

表通りを一歩はずれれば、ネオンサインが豊かに使われた小奇麗な商店街。町全体が、外国人をひきつけるドイツ商品の見本市になっている。

中央駅から南に向かえば、長さ1キロ、幅350メートルの池がある。この池は水質管理され、泳げるようになっている。都会のど真ん中に、ボート小屋や日光浴テラスがあるという趣向になっている。

そして配置される建築物もとにかく大きい。

たとえば15万人から18万人を収容できる世界一のベルリン・ドーム。ホールの内部空間は、容積2千100万立方メートルで東京ドームの約18倍である。このベルリン・ドームのモデルはローマのパンテオン宮殿だったという。ドームの内部は、高さ24メートルの大理石の柱が100本、その中に直径140メートルの円平面がある。

40万人を収容するニュルンベルク・スタジアムも作られる予定だった。これはナチスの党大会のための施設である。長さが550メートル、幅460メートル。スタジアムの端の高さは100メートルにもなる。

これはエジプトのピラミッドを意識して設計された。

「1940年のオリンピックは東京で開かれる。しかしその後は永久にドイツで、このスタジアムで開かれる」

とヒトラーはいった。ヒトラーは再開発されたベルリンを世界の首都と位置づけ、オリンピックなどの国際的な催しすべてがここで行なわれることを夢想していたのだ。

また国会議事堂は、1千200人を収容できる規模とされていた。

それまでのドイツの国会では、580席で足りるはずだった。1千200人の議員というのは、1億4千万人の国民を想定したときの数字だった。その計画は、ドイツ以外のゲルマン民族の統合を暗にほのめかしていた。

この計画は、1939年から始められ、1950年に完成する予定だった。

この都市計画には、莫大な予算が必要だった。年に5億マルク。国家予算の4%に相当する額である。もちろん、これは失業対策事業として絶大な効果を上げるはずだった。

またヒトラーはこの都市再開発は観光の一環になるとも考えていた。世界最高の都市を作ることで観光客を増やそうというわけである。

この計画は、戦争中も続行された。ヒトラーは戦局が悪化してからも、この計画を語るときだけは機嫌がよくなったという。

しかしこの計画はナチス・ドイツの敗北とともに潰《つい》えた。アウトバーンはその多くが残されたが、ベルリン再開発計画は、完成を見ないうちに戦争で滅茶苦茶に破壊された。そのためこのプロジェクトの存在はあまり知られていないのである。

コラム1　ヒトラーは算盤勘定が速かった

ヒトラーというと、よくも悪くも思想的な面ばかりを取り上げられることが多い。しかし、ヒトラーは実は算盤勘定が非常に働く人間だった。

ヒトラーの経済政策が成功したのも、この算盤勘定の才が大きくものをいっていると考えられる。

たとえば、こういうことがあった。

外国人のドイツに対する功労者に、勲章を与えようという話が持ち上がったときのことである。それを聞いたヒトラーは、即座にＯＫを出した。

なぜかというと、勲章を出す前は、功労のある外国人には金のタバコケースを与えていた。金のタバコケースは70マルクもする。しかし、勲章は２マルク半ですむ、ということである。

ちなみに外国人で、ナチス・ドイツから勲章をもらった有名人には、アメリカ最大の自動車メーカーの創業者フォードがいる。彼は熱烈なナチス贔屓《びいき》だったのである。

またベルリン・オリンピックでも、ヒトラーは素早い計算をしていた。

ベルリン・オリンピックのスタジアム建設は、当初の予算は2千800万マルクだった。しかしヒトラーはもっと見栄えのいいものにしろと命令し、大幅に計画を拡充させて最終的に7千700万マルクまで使った。

しかしベルリン・オリンピックは、その豪華さが話題を呼び、多くの観光客を集めたため、5億マルク以上の外貨を稼いだのである。

アウトバーンの建設にしてもそうである。

アウトバーンは最初の予算だけで20億マルク計上された。しかしヒトラーは、この事業により失業手当の支払いが5億マルク減る、ということを見越していたのだ。つまり、差し引き15億マルク。つまり25％割引で高速道路が作れる上に、失業対策にもなるというわけである。

こういう計算ができたからこそ、ヒトラーはドイツ経済の崩壊を救えたのである。

第2章

労働者の英雄

ストライキ禁止、労働組合廃止でも不満が出なかった理由

ヒトラーは政権を取るや否や、労働組合を解散させ、ストライキを禁止した。

これはヒトラーが労働者の権利を奪った暴虐行為として今に伝えられている。

しかし不思議なことに、ヒトラー政権になってからのドイツは、労働者の暴動などは激減した。

ゲシュタポが銃で労働者を押さえ込んだんだろう？

そんなはずはない。

ドイツの労働者はそれほど甘くはないのだ。

ドイツというのは、なんといっても、かのマルクスを生んだ国であり、労働運動、社会主義運動のメッカでもあるのだ。

ドイツは、19世紀後半から20世紀初頭にかけての50年間で、個人事業者が46％から19％に激減し、その代わり労働者は55％から76％に激増した。労働人口の8割近くが労働者という社会になったわけである。

彼ら労働者は、自分1人では雇用条件の改善ができないので、組合を作るようになった。

そして労働者はストを頻発させ、ドイツ経済は混乱した。

また第一次世界大戦後、ドイツでは世界でもっとも進歩的だったとされる「ワイマール憲

法」が作られた。

ワイマール憲法は、労働者の権利を手厚く認めるものだった。労働者の賃金は、上がりやすく下がりにくいという構造を持っていたため、企業は不景気になると、操業時間を短縮したり、雇用を控えたりした。

そのため労働者の手取り収入は減り、失業者が増大するという悪循環を生んでいた。

ヒトラーが政権についたときには、ドイツではストライキが慢性化している状態だった。労働者も資本家も解決の糸口が見えず、いたずらにストライキと工場閉鎖が繰り返された。社会は不安定になり、治安は悪化した。

ヒトラー政権にとって、労働問題は最重要課題であり、迅速に解決しなければならないものだった。

1933年5月1日を、ヒトラーはいきなり国民の祝日にした。

メーデーは労働者の日であり、カナダ労働者のストライキを起源にしている。毎年、この日はデモやストライキなど、大規模な示威行動が行なわれるはずだった。そのメーデーを、国の祝日にしたということは、ナチスは、労働者の味方だ、という、わかりやすいメッセージだったのだ。

ヒトラーは記念演説でこう述べた。

「ドイツ国民は再び互いに知己にならなければならない。職業に引き裂かれ、人為的階級に分裂し、身分的高慢や階級的妄想に陥って、もはや理解することのできなくなった何百万という人々よ、相互にまた理解し合える方法を見出さねばならない」

この催しにはドイツの最大の労働組合「総同盟」も参加を呼びかけた。労働組合側も、ヒトラーやナチスを味方だと判断したわけだ。

その1週間後、労働組合は解体され、「労働戦線」に統一された。これにより、労働者によるストライキも工場閉鎖も廃止させられた。

しかし、だからといって労働者の環境が悪化したわけではない。

むしろ逆で、労働条件は向上したのだ。まず失業者が大幅に減った。賃金率は多少下がったが、景気がよくなるに従い、工場の操業時間が増えたので賃金の総額は増加した。

組合がなくなっても労働者は得をしたので、文句をいうものはあまりいなかったのだ。

労働組合の幹部を引き入れる

前述したように、ナチスは労働組合を解散させ全国統一の組合「労働戦線」を作ったが、この労働戦線は非常によくできた組織だった。

というのは既存の労働組合の組織の、かなりの部分が「ドイツ労働戦線」に引き継がれたのだ。労働組合の幹部だったものが、「ドイツ労働戦線」でも指導的立場に立ったのだ。そのため労働戦線への移行は、大したトラブルもなくスムーズに行った。労働組合でバリバリの左翼活動をしていたものも、ナチスの労働政策に協力的になったのだ。

またストライキが禁止されたからといっても、労働者が企業に何も言えなくなったわけではない。労働者の意向や不満を吸い上げ、企業との調整をするシステムが作られていたのだ。

１９３４年１月に発布された国民労働統制法では、第１条に、「雇い主と労働者は、企業の目的達成と国家の利益のために協力し合う」と謳われている。第２条には雇い主は労働者の福祉を増進させる義務が、労働者には労使共通の利益のために忠誠を誓うことが求められている。

労使が闘うのではなく、助け合っていこうというわけだ。

この「崇高な理念」だけではなく、現実的な問題解決の仕組みも整っていた。

この国民労働統制法では、全国を13の管区に分けて各区に労働管理官を配置した。この管理官が労働条件のすべてを決定し、経営者も労働者もそれに従わなくてはならない。

労働者が20人以上いる企業、工場では「信任委員会」の設置が定められた。「信任委員会」とは、労働者の代表の会議だが、経営側の意見も取り入れて調整する機関で、委員は労働者の選挙によって選ばれる。

ナチス以前にもこれに似た「工場委員会」というものが作られていたが、これはもっぱら労働者側の主張を通すことだけを使命としたため、労使の対立を深めるだけの存在だった。しかし信任委員会は、労使双方のいい分を調整するという立場を採っている。

信任委員は、すべて労働戦線に所属しなければならない。また信任委員に不正な行為があった場合は、資格をはく奪される。これは社会的に抹殺されると同様の不名誉なことだった。

労働管理官は、各企業の信任委員会を監督する。もし企業が委員を選挙することができない場合、管理官自らが任命する。また大量の解雇がある場合、労働管理官は2ヵ月を限度に解雇期日を引き延ばすことができる。

もしその労働条件で経営側、労働者側が対立し、信任委員会でも調整がつかない場合は、労働管理官が調停に乗り出す。

また労働管理官の上には、労働裁判所が設置されていた。

労使の紛争は、最終的には労働裁判所が判断をくだす。裁判所の判決は絶対のものであって、労使双方ともこれに異議を唱えることはできない。

労働裁判所は、もし雇い主に非がある場合には、最高1年分の賃金を賠償させることができた。

こういう具合に、労働者に不満が生じないように、また企業の横暴を防ぐために、行き届いたシステムを構築していたわけである。

ナチス時代の産業界では、敗色が濃くなるまでは労使間の対立的雰囲気はほとんどなかったといわれている。

これは巧妙なシステム作りが功を奏しているといえる。


有給休暇、健康診断、いたれりつくせりの労働環境

ナチス時代、労働者に不満が起きなかったのは、労使の調停の妙もあるが、大もとの労働基準を大幅に改善した、ということが大きな理由である。

ナチスは世界に先駆けて８時間労働（１日の労働時間は８時間以内に抑える）を法的に実施している。この法律は、現在のドイツにも生きている。

またナチス時代には休日も大幅に増えている。

「労働者には長期休暇が与えられなければならない。学生に夏休みが与えられるように労働者にも夏休みがなければならない」

というのがナチス労働政策の理念のひとつだった。

ナチス時代、労働者の休日は、年間で平均して１週間程度延びた。国際的に見てもこれはかなり進歩的なことである。

またナチスは、有給休暇をいち早く取り入れていた。それだけではなく、有給休暇を取ることが義務化されている自治体もあったのだ。

1934年ラインラントの労働管理官が出した労働条件に関する布告は、次のようになっている。

・18歳以上の労働者が、6ヵ月以上勤務した場合は、最低6日の連続した休暇が与えられる。18歳のものは最低9日、17歳のものは最低12日、15〜16歳のものは最低18日の休暇が与えられる。
・この休暇を取るときには、休暇期間の賃金（休暇手当）が前払いされる。
・休暇期間や休暇手当を削ることは許されない。
・休暇は、身体を休めるためのものであり、休暇中に他の労働を行なったりしてはならない。もし行なった場合は、休暇手当を返還の上、今後休暇の請求権は消滅する。

ここでいうところの休暇とは、週休のことではない。週1回、日曜日の休日のほかに、年間で最低6日の休暇を取ることができたというわけだ。

しかも「休暇中はちゃんと休め！　他の仕事をしていたりしたら罰則だぞ」というのだ。

このへんは行き過ぎというか、いかにもナチスらしい極端さである。

また、このほかに、元日、クリスマス、復活祭、聖霊降臨祭の際には、各2日ずつ有給休暇が与えられた（日曜日と重なった場合は振替休日はなし）。

またその他の労働環境にも細かい配慮がなされた。

労働者の通勤時間は30分以内になるようにされていた。だからベルリンのほとんどの労働者、会社員などは、昼食は家に帰って食べていたという。

時差出勤も採用されていた。朝7時から30分ずつスライドさせたのだ。だから早いものは、午後4時に退社でき、夕方の買い物もできた。

労働者の福利厚生の制度も充実していた。

従業員が100名以上の会社では、格安で利用できる社員食堂の設置が義務づけられた。たとえばハインケル社では、実費が45プェニヒの食事を25プェニヒで提供していた。バイキング形式で、ケーキやコーヒーもあったという。

大きな工場では、休憩所や食堂の完備、個人ロッカーのある更衣室、目を休める緑地帯診療室、手術も可能な応急手当室、X線室、電気マッサージ室、人工光線浴室、温水冷水浴室、スティーム浴室などもあった。

レクリエーションの概念を作った「歓《かん》喜《き》力《りょく》行《こう》団《だん》」とは？

ナチス・ドイツというと、勤勉で厳格な国だった、と思われがちである。

しかし、この当時ではナチス・ドイツほど、労働者の娯楽を充実させた国はないといえるのだ。

ナチスの政策のひとつの指針に、金持ち特権の打破というものがあった。

労働者が不満を抱くのは、金持ちと自分たちの生活の格差に対してである。だから、労働者にも金持ちと同じような生活をさせることで、労働者の不満を解消しようというのである。

労働者でも買える車「フォルクス・ワーゲン」を開発し、労働者に海外旅行をさせ、観劇、コンサート、テニス、スキーを楽しめるようにした。

「働いているときは真剣に真黒になって働け、仕事がすんだら十分慰安を取れ」

それがナチス、ヒトラーの考えだった。

そしてその理念を具体化したのが「歓喜力行団」という団体だった。

「歓喜力行団」とは、ナチスの労働組合「労働戦線」に付属する組織で、労働者の福利厚生事業を行なっていた。ドイツ語でクラフト・ドウルヒ・フロイデといいＫＤＦ（カーデーエフ）と呼ばれていた。

この歓喜力行団は、当時の福利厚生の水準をはるかに超える革命的な存在でもあった。

「ドイツ国民は心身ともに健康でなければならない。そのためには生活に楽しみもなければならない」

というのである。


この歓喜力行団にはスポーツ局というものがあり、労働者にスポーツも奨励した。

このスポーツはすべて労働時間内に行なわれていた。つまり有給でレクリエーションの時間を取っていたのだ。日本でも今では、レクリエーションを取り入れている企業もあるが、ナチス・ドイツではすでに70年前にこれを取り入れていたのだ。

「スポーツは国民生活をはつらつとさせ、能率を向上させる源泉である。この源泉に労働者のだれをも赴かせようというのが、スポーツ局の任務である」

労働大臣のルイは、歓喜力行団の創立時の演説でこういった。

スポーツ局は、オリンピック選手を育成するようなスポーツエリートを輩出させる機構ではなく、今までスポーツをやったことがない人にもスポーツの楽しみを教え、心身のリフレッシュをさせようというものである。

だから成績や記録を競うスポーツよりも、乗馬や水泳など、遊びながら楽しむスポーツが重用された。

また気軽にできるスポーツばかりではなく、スキーやスケートなど、道具や技術を要するスポーツも取り入れられた。

ヨットなど、これまで金持ちの遊びと見られていたスポーツも行なわれていた。

歓喜力行団のスポーツ事業は、ソフトだけではなくハードも充実していた。プール、体育館、運動場が各地に作られた。当時のドイツの労働者は、普通にプールで水泳を楽しんでいたのだ。

また、ライン河畔のブライザッハ、ハールツ山腹のウェルニゲローテなどの景勝地6ヵ所に、宿泊施設をかねたスポーツ公園も作られた。スポーツ休暇村とでも呼べるものである。

また歓喜力行団には、慰安娯楽局という部署があり、音楽、演劇などの娯楽を一般に広く提供した。ドイツのあらゆる劇場を没収し、労働者に開放したのだ。

これまでオペラやコンサートなどに行ったこともないような人も、歓喜力行団のおかげで行けるようになったという。週末にはドイツの各地方から観劇のための特別列車がベルリンなどの都市にやってきた。

慰安娯楽局には巡回娯楽部隊があり、特別仕様の自動車を使って各地で映写会や演劇会を開いていた。

巡回娯楽部隊の車は14個のスピーカーをつけており、マーチを流しながら村々にやってくる。音楽を聴くと村人が、皿やお椀を持って集まってくる。この車の中には、調理室があり、若い女性隊員が村人に美味しいココアとパンをふるまう。村人の多くは、これほどミルクをたっぷり使ったココアは飲んだことがなかった。

それから、村の集会場で映写会が始まる。内容はだいたい子供向けの映画である。村人には映画を見たことがない人も多かったため、非常に喜ばれた。

この巡回娯楽部隊は、アウトバーンの労働者の宿泊所や、工場、軍の基地などにも訪れた。慰安娯楽局が開催した催しは、1935年から36年までの2年間で、のべ14万回、5千310万人の入場者を数えた。これはドイツ国民の8割近くが、入場している計算になる。また工場や土木現場、道路の建設工事現場等にも図書館を設置し、だれもがいつでも本を読めるようにしていた。

歓喜力行団のレジャー事業では、ナチスのイメージはほとんどなかったという。レジャーの中で政治的な演説が行なわれることなどなく、「ハイルヒトラー」という言葉さえまったく聞かれなかった。みなくつろいだ、ごく普通のレジャー的な雰囲気があったという。

だから市民はこぞってこの歓喜力行団に参加した。

歓喜力行団は、強制参加の組織ではなかった。にもかかわらず、団員は増え続け、1934年には1千400万人、1942年には2千500万人になった。ナチス関連の団体の中で最大の組織は、娯楽団体「歓喜力行団」だったのだ。

超格安のナチス旅行社

歓喜力行団には、旅行局という部署もあった。この旅行事業こそが、歓喜力行団の目玉でもあった。

歓喜力行団は、労働者のために様々な趣向を凝らした旅行を企画した。後年、ナチス時代の思い出を聞かれたドイツ人たちの多くが、この歓喜力行団の旅行を第一に挙げた。

当時、地方に住んでいる人では、自分の村から一歩も出たことがないような人も多かった。そういう人たちを、歓喜力行団は豪華客船に乗せたり、外国に連れて行ったりしたわけである。思い出に残らないはずはないといえるだろう。

歓喜力行団ができて3ヵ月後の1934年2月17日にはすでに1回目のツアーが行なわれている。

その日、ベルリンのアンハルト駅では盛大なセレモニーが開かれ、バイエルン行きの特別列車が出発した。同時に各地で11本の特別列車が企画され、バイエルンの労働者はベルリンへ、ザクセンとウェルテンベルクの労働者はバイエルンへ、ラインラントの労働者はシュワルツワルトへ、それぞれ出発した。

１９３４年には汽船を借り切って、ポルトガル領マデイラ島、ノルウェーのフィヨルドの間を訪問した。

このほかにもハイキング、各地の職人同士の交換訪問、イタリア人労働者との交換訪問、外国在住ドイツ人の招致旅行なども行なっていた。１９３７年から39年までの３年で、３万４千人のドイツ人がイタリアに赴き、イタリアからは３万人がドイツを訪れた。

歓喜力行団の旅行では、ドイツ人らしい合理主義的工夫もされていた。

歓喜力行団は自前の船を何隻も持っており、また観光シーズンをはずした時期に旅行したため、労働者たちは少ない旅費でも、家族同伴でホテルなどに泊まることができた。現代の格安パック旅行と同じ原理である。

たとえば、ホーホラルマルクという鉱山の炭鉱夫が行った、アルプスのふもとの景勝地アルゴイへの10日間３食付の歓喜力行団の旅行は、わずか34マルクだった。この炭鉱夫のわずか５日分の賃金だった。たった５日分の賃金で、10日間の観光旅行ができたというわけである。

1935年イギリスとドイツのサッカー国際試合の際には、ドイツ人1万人がロンドンを訪れた。チャーター船を使い、わずか60マルク（労働者の半月分の賃金）でこの旅行に参加できた。

1940年の東京オリンピック（戦争のため中止）にも、ナチスは労働者2千人を派遣する予定だった。この派遣のための船を新たに製造する計画まで立てていた。

8日間の海外旅行で50マルク、国内の陸上旅行なら20マルクで行けた。またこの歓喜力行団の旅行は、家族と一緒に行くことが望ましいとされ、そのための費用の補助なども行なわれた。

また旅費を一括で払うのが難しい人たちのために、積み立て制度も作られていた。積立金は給料から天引きされたので、労働者にとって負担はほとんど感じられなかった。

歓喜力行団は、社会の底辺層とされる労働者たちを、意図的に旅行に参加させた。第1回の旅行でも、ルールの炭鉱労働者を優先的に参加させた。ときには参加費を全額ナチスが負担して、労働者を招待することもあった。

歓喜力行団の旅行は、敗戦が間近に迫った1944年でさえ行なわれた記録がある。

歓喜力行団の外国旅行に行ったのは、75万人といわれ、そのうち労働者は10万人だったという。

この旅行に参加したのは、労働者ではなく生活にゆとりのある中間層だったとして、否定的な解釈をされることもある。

しかし10万人の労働者をこの当時外国に連れて行ったということは、とても「単なるプロパガンダ」とはいえない規模ではないだろうか。また外国旅行ではなく、近隣の観光地への短期間の旅行ならば、ほとんどの市民にとって参加できるものだった。1939年までに700万人以上、日帰りを加えると4千万人以上の人が歓喜力行団の旅行に参加している。

労働者10万人が豪華客船で海外旅行をした！

歓喜力行団の旅行局では、海外旅行も積極的に行なった。

ナチスには「国民に一生に一度は外国から祖国を見る機会を与えよう」という政策方針があった。

海外に旅行して見聞を広めるとともに、外国人と親善を深めるというのが、その目的だった。ドイツでは労働者さえ外国旅行ができるということを見せ、ドイツに対する尊敬の念を植えつけるという意味もあった。

歓喜力行団の最初の海外旅行は、ナチス政権2年目、1934年5月3日のことだった。この日、1千人の労働者を乗せた船が、ブレーメン港からイギリス南部へと赴いた。

その後も歓喜力行団は次々に海外旅行を企画した。

同年の7月には、北ドイツ・ロイド社の大型汽船「デル・ドイッチェ号」を5年契約で借り受けて、ミュンヘンのタバコ工場の女工を乗せ、ノルウェーへ出発した。

翌1935年には、3千人がポルトガルのリスボンに行っている。

歓喜力行団には、「デル・ドイッチェ号」のほかにも「セントルイス号」「モンテオリビア号」「モンテサルミント号」などがあった。

労働戦線のリーダー、ローベルト・ライは、「歓喜力行団は将来的に、30隻の汽船を持ち毎年200万人を海外旅行に連れ出す」と豪語していた。

それはあながちハッタリではなかった。

1936年には歓喜力行団による船の建造も開始されているのだ。

この船は「ウィルヘルム・グストロップ号」と呼ばれ、全長185メートル、総トン数2万5千トンという巨大なものである。かの豪華客船タイタニック号と比べると、次のようになる。

ウィルヘルム・グストロップ号　全長185メートル　総トン数2万5千トン
タイタニック号　全長269メートル　総トン数4万6千トン

こうして見るとタイタニック号には及ばないものの、「ウィルヘルム・グストロップ号」もそう見劣りするものではないというところである。しかもなんといってもタイタニック号が大富豪しか乗れなかったことに比べ、ウィルヘルム・グストロップ号は普通の労働者でも乗ることができたのである。

Ａ甲板には７５０席の食堂があり、１千人を収容できる大広間があった。Ｂ甲板は客室のスペースで、２人船室と４人船室の２種類がある。Ｃ甲板には病院、理髪店などがあった。大食堂の横には、広いホールがあり、そこでは１千５００人が同時にダンスができるようになっていた。２５０名収容できるカフェ、長さ22メートル、幅11メートルのスポーツ場、プールまであった。

「ウィルヘルム・グストロップ号」は、１９３８年に竣工し、処女航海ではローマで行なわれた労働者会議に赴いた。

歓喜力行団は「ウィルヘルム・グストロップ号」のほかにも、次々と建造を始めており、もしナチスが戦争に負けることがなければ、30隻というのは早いうちに達成されたものと思われる。

労働者のためのリゾートビーチ

歓喜力行団は豪華客船だけでなく、豪華なリゾート施設もドイツ各地に作った。その代表的なものがリューゲン島のリゾートビーチである。

リューゲン島とは、ポムメルン州にあるバルト海に浮かぶ大きな島である。この島の東岸の三日月型の入り江に、長さ8キロ、幅500メートル、総面積5万平方メートルの海水浴場が作られた。

この海水浴場には、巨大な娯楽施設も併設されていた。

5千席の劇場、酒場、喫茶室など娯楽棟を中心にして、5階建ての宿泊施設が双方向に伸びている。この宿泊施設は、左右それぞれ2.5キロもあり、合わせて2万人を収容できるという長大なものだった。

しかも海に沿って建てられており、どの部屋からも海が一望できるようになっていた。昨今のリゾートホテルも顔負けの全室がオーシャンビューというわけだ。

部屋にはベッドがふたつ、洗面台、衣装棚、ソファまであり、全館に冷暖房が完備していた。

この長い長い宿泊施設には、500メートルおきに海に突き出したレストランが備えられていた。このほかにも2棟の日光浴用の建物があり、テラスで日光浴療法を受けることができた。

浜辺と建物の間には防波堤があり、それは遊歩道になっていた。また島の西側には、プールや5千台が収容できる駐車場があった。

つまりは島全体がリゾート化されたようなものである。

しかも滞在費は、なんと１人１泊２マルクだという。労働者の半日分の賃金にも満たない額である。

ヒトラーにドイツ国民が熱狂したのも、無理からぬ話なのである。

労働者のための郊外住宅

ナチスは、労働者の住宅にも手厚い配慮をした。郊外での労働者向け住宅の開発、支援を行なっていたのだ。

当時のドイツでは、都市の人口が急増し住宅難となっていた。

ヒトラー以前の政権は、都市に公営住宅を建設していた。しかし、都市に住宅を建てるのは費用が高くつくので、目立った効果は上げられなかった。

そのためナチスは、郊外に目を向け、ここに労働者向けの住宅を作ろうと考えたわけである。日本でも戦後、郊外に住宅都市が発達したが、その走りといえるだろう。

ナチスは「土に還れ」という思想も持っていた。自然回帰主義に近い面があったのだ。だから郊外住宅は、ナチスの思想とも合致したものだった。

ナチスは、郊外に住宅を建設することを労働者に奨励し、労働者が借りやすい住宅ローンも作った。労働者は、住宅建設費の15%～20%を頭金として準備すれば、あとは国の金融機関から借りることができるようになった。

頭金15%というと、現代の日本の感覚では高い気もするが、それまで住宅ローンなどなかったので、労働者としてはありがたかったのである。

そのため郊外に家を建てる人が続出し、郊外住宅のブームになった。

またこれらの郊外住宅は、原則として300坪の土地に建てられることになっており、庭で家庭菜園をするようになっていた。ドイツの食料不足を家庭でも補おうというわけである。最近、日本でも家庭菜園付きの一戸建て住宅が販売されることがあるが、300坪の土地というのはそうそうあるものではない。

この郊外住宅では一家族につき400マルク相当の食料が生産された。

これらの住宅建設には、失業中に公共事業を請け負ったことのある大工や左官などが、ボランティア的に安い賃金で作業を行なうこともあった。

また自力で家を建てられない人のために、企業の住宅制度も充実していた。

一定規模以上の会社は、労働者のために住宅を用意することが義務づけられた。労働者は会社に家賃を払うが、一定の額を払うとその住宅は労働者に譲渡されることになっていた。

また会社が労働者住宅を建てられない場合には、周辺の賃貸住宅を借り上げて、労働者に安く貸すことになっていた。

最近、外資系企業などを中心に、日本でも家賃補助や住宅の借り上げをする制度が増えてきたが、それはすでにナチス・ドイツでされていたことなのである。

さらに労働者住宅がない中小企業に勤めている労働者に対しては、「家賃の値上げ禁止」や「また貸しの奨励」で支援した。「また貸しの奨励」とは、部屋数の多い物件を借りている労働者が、部屋の一部を他の労働者に貸すことを奨励し、その際には大家の許可はいらないというものである。

このようにナチスは、労働者の住宅難問題に対し、様々な工夫をして対処してきた。ナチス時代、国の住宅関連支出は減っているが、その金額以上の効果を上げていたのである。

労働者のための車「フォルクス・ワーゲン」

世界中で親しまれている車「フォルクス・ワーゲン」、日本でも知らない人はほとんどいないだろう。

このフォルクス・ワーゲンは、実はナチスが労働者のための車として開発したものなのである。フォルクス・ワーゲンという名称は、ドイツ語で「大衆車」という意味なのだ。

ヒトラーはもともと大衆車を作りたいと、熱望していた。

当時、アメリカでは世界に先駆けて、大衆自動車が製作されていた。フォード社が車の大量生産に成功し、今までの価格の半分以下、８５０ドルで車が買えるようになっていたのだ。これはアメリカの一般の労働者でも十分に手が届くものである。

フォードはドイツにも工場を作り、ドイツの自動車市場を席巻していた。しかし、ドイツの労働者の賃金では、まだフォード車は買えなかった。

それを見たヒトラーは、「ドイツでも車が庶民の手に届くようにならなければならない。週末には家族でドライブができるようにならなければならない」と思ったのだ。

ちょうどそのころヒトラーはポルシェという若い技術者から、知人を介してある相談を持ちかけられた。

「小型大衆車を作りたいので、政府に支援してもらえないだろうか？」

ということだった。

ヒトラーはこう答えた。

「よろしい、大衆小型車は国家的要請でもある。どんな援助でもしよう。しかし、この車は、どんな車よりも性能がよく、頑丈で、しかも安くなければならない」

フェルディナント・ポルシェとは、もちろんあのスポーツカー「ポルシェ」を作った人である。北ボヘミアの職人の家庭に生まれ、少年時代から電気技術に興味を持ち、大人になってからは最先端の産業である自動車メーカーに就職した。

彼はパリ万博で賞をもらったり、ソ連に招かれるなど、当時すでに名の知れた技術者ではあった。しかし企業家としてはまったく未知数だった。

そのポルシェにヒトラーは国家的プロジェクトを任せたのだ。ポルシェは、国の全面支援でフォルクス・ワーゲン社を設立して、画期的な大衆車の製作にあたった。

ヒトラーが、ポルシェに示したフォルクス・ワーゲン構想の条件は次のとおりである。

・最高時速１００キロ
・１００キロ走るためのガソリン消費は7リットル以下
・4～5人が乗れる
・空冷式
・価格は1千マルク以下

ポルシェに対して示した条件のうち、ヒトラーがもっとも固執したのは価格である。庶民が買えるようにすることにもっとも執着したのだ。

当時のドイツの労働者の平均月収は100マルクから150マルク。つまり半年から9ヵ月の収入で、自動車が買えるというわけである。

1938年にはフォルクス・ワーゲンの試作品第1号が完成した。

同じ年、フォルクス・ワーゲン購入のための分割支払い制度が始まった。毎週5マルクずつ払い込めば、4年後にフォルクス・ワーゲンが入手できるというものだ。33万人がこれに申し込み、払い込まれた金額は2億8千万マルクに達した。

この巨額の払い込み金で、ポルシェは大工場を建設した。

しかしフォルクス・ワーゲン社はナチスの時代にその目的を達することはできなかった。工場が建設され、もうじきフォルクス・ワーゲンの大量生産を始められると思った矢先の1939年9月1日、ドイツ軍はポーランドに侵攻した。フォルクス・ワーゲンの生産は即座に中止され、すでにできている施設は、軍需工場に切り替えられたのだ。

ナチス時代に作られたフォルクス・ワーゲンは、試作品として作られたたったの40台に過ぎなかった。労働者たちがフォルクス・ワーゲンを購入するために支払われた積立金は、すべて軍事費に充てられた。

減税して税収を上げるという奇跡

ナチスは、アウトバーンなどの公共事業、大々的な再軍備を行なったのだから、さぞや税金は高かっただろう、と思われるかもしれない。

しかし、事実はその逆である。

ヒトラーは政権を取るや否や大減税を行なっているのだ。１９３３年の減税規模は、国家、地方合わせた税収の１割にも相当する。

税収の１割を減税するというのは、相当なものである。

たとえば、今の日本で税収の10％を減税するなどということはとてもできないだろう。

ナチスは、それを世界大恐慌で国家財政が極度に逼迫しているときにやり遂げているのだ。

ヒトラー政権発足当初の主な減税項目は次のとおりである。

・自動車税の減税
・メイドを雇用した場合の所得税の減税
・農産物売上税の減税
・農地の土地税の減税
・住宅の土地税の減税

・防空施設などを作った場合の所得税の減税
・設備投資をした場合の事業税の減税
・建物の修理をした場合の事業税の減税
・卸売業の売上税の減税
・失業保険料の引き下げ
・家賃税の引き下げ

これを見ると、ナチスは巧みな税金政策を採っていることがわかる。
減税のほとんどは景気対策に結びついているのだ。
自動車税の減税は、自動車の購入欲を刺激する。メイドを雇用した場合の所得税の減税は、メイドの雇用を促進する。農産物売上税の減税は、農産物の流通を活発にする、という具合である。

この景気刺激策のおかげで、減税しているのに税収は減らない（むしろ増加した）という現象を生んだ。１９３３年の税収は51億マルクだったのが、34年には59億マルク、35年には75億マルクになっている。

これは、景気がよくなって失業者が減り、所得税を納めるものが増えたために生じた現象である。１９３２年には所得税を納税していたものは34％に過ぎなかったが、36年には57％に増えているのである。

この現象を簡単に表せば次のようになる。

減税する
←国民が潤う
←景気がよくなる
←税金を払う人が増える
←税収が増える

この仕組みは、財政学では以前から知られていたことではある。

しかしどこの国もこの政策をなかなか採用しようとはしない。財政が苦しいときに減税するというのは勇気がいることだからだ。やったとしても小規模の減税なので、景気にはさほど影響はなく、税収が増えることもないのだ。

ヒトラーは、思い切った減税をやり、また思い切った公共事業をやったからこそ成功したわけである。この思い切りこそが、ヒトラーの経済政策成功の大きな要因だといえる。

大企業に増税し労働者には大減税

ヒトラーの減税政策が功を奏したのは、大企業や資産家には増税し、労働者には減税をした、ということも要因のひとつである。

ヒトラーは、まず労働者に大減税を行なった。

ナチスが労働者に行なった主な減税は、次のとおりである。

・労働者に対する救済金には税金をかけない
・低所得者の税金を軽減し、高所得者から多く取る「累進課税」の導入
・家族が多いものの税金を軽減する「扶養控除」の導入

これを見ればわかるように、ナチスは労働者、低所得者、家族の多いものに対して寛大な

施策を行なった。

そして大企業に対しては増税を行なっている。

その最たるものは、配当制限法である。

これは、１９３４年末に導入されたもので、企業に６％を超える剰余金があった場合、配当は６％までしかしてはならず、残額は特別公債を購入しなければならないというものだ。この特別公債は４年間償還できず、貧困者救済資金、建築資金に充てられることになっていた。

また通貨の暴落で利潤を得た企業や、戦争で利潤を得た企業は、その利潤をすべて徴収された。さらに１９３５年の８月には、法人税が引き上げられている。

このようにナチスは、大企業や資産家からは多く取り、労働者、低所得者層にそれを分配する、という税金政策を採っている。

これは、「道徳的に正しい」というだけでなく、経済政策としても理に適ったものなのである。

景気が悪いということは、世の中の金回りが悪くなっているということである。つまり経済が動脈硬化を起こしているわけだ。なので、金の流れが詰まっている部分を除去して、金が薄いところに流れを作る。これは「所得の再分配」として、税金が果たすべき重要な役割のひとつなのである。

しかし、税金にこの役目をきちんと果たさせている国は少ない。

日本の場合も、近年、高額所得者、資産家には大減税を行ない、中間層以下のサラリーマンには増税に次ぐ増税を行なっている。これでは格差社会ができて当たり前であるし、社会が暗くなって当然なのだ。

日本の税金制度は、ナチスに学ぶべき点が多々あると、筆者は思う。

ナチスの税金制度の妙は、これだけにとどまらない。

大企業に対しても増税ばかりではなく、経営意欲が湧くような減税も行なわれているのだ。工場設備などを建てた場合の償却期間を5年程度にしていたために、企業は利益が出れば思い切って設備投資ができるようになっていた。それがまた建設業の景気を活発にするという相乗効果を生んだ。

また「租税信用証券制度」というものを作った。これは税金証券というものを購入すれば、納税したのと同じことになり、若干の利子もつくというものだ。いわば税金の前払いである。

労働者の税金にも工夫を凝らした。

1年分を一括して払うのではなく、毎週、毎月の給料から少しずつ天引きしていく制度、「源泉徴収制度」を作ったのだ。これにより、労働者の税金に対する負担感は大きく減少し、また税務当局も徴税が非常に楽になった。

この制度は、世界各国で採用され、戦時中の日本もナチスにならって、源泉徴収制度や扶養控除を導入した。今でもそれが生きていることは、ご存じのとおりである。

このようにすばらしいナチスの税金制度だったが、戦争が始まってからは増税に次ぐ増税となった。酒、タバコ、観劇、旅行等、次々に課税されていき、所得税も大幅に引き上げられた。１９４２年は、１９３８年の２倍の税収になり、３４７億マルクとなった。

メタボリック対策と「食の安全」

「健康は国民の義務」

このスローガンの下、ナチスは国民の健康にも十二分の配慮をした。

ドイツでは、ナチスが政権を取る以前から、労働者の安全に対して先進的な取り組みをしていた。すでに国家医療制度により、労働事故、疾病には補償が義務づけられていたのだ。

ナチスが国民の健康に配慮したのも、このドイツの政策の延長線上にあるといえる。国の医療費や社会保障費を削減するためには、国民の健康に配慮しなければならないからだ。

そして何をやるにも「徹底的」なのがナチスの特徴である。

健康対策もまさに徹底的であり、当時の医学で考えられていたありとあらゆる健康対策を行なっていた。

まず労働者には定期的な健康診断を義務づけた。

また一定規模の工場には医師を派遣し健康管理にあたらせた。その数は1944年には8千人にも上った。

さらにナチスは、現在でいうところのメタボリック対策もすでに始めていたのだ。

ナチスの公衆衛生委員会のメンバー、フランツ・ヴィルツ医師は、現代病の原因は食生活にあると指摘した。

19世紀初めドイツ人の肉類の摂取量は1人当たり14キロに過ぎなかったが、1930年代には56キロに増えている。脂質摂取量も急激に増え、1912年からの15年間で、1人当たり25%も増加している。それががんや心臓病などの現代病の増加につながっているということだ。

そのため、肉食を減らす啓蒙活動を始めたのだ。

現在、日本でも脂肪などが多い人のことをメタボリックと称し、成人病にかかりやすいとして予防を呼びかけているが、ナチスはほぼ同じことをすでに始めていたのだ。

これはドイツにとって国家経済の問題でもあった。

ドイツはバターなどの脂質は輸入に頼っていたが、外貨の少ないドイツにとってはなるべくなら輸入したくないものだった。また肉食が増えれば、飼料などを輸入しなければならず、これまた外貨が減ってしまう。

そこで、なるべく肉やバターは減らして、ドイツで作られる野菜やジャムを食べましょうという運動をしたわけだ。

またナチスは「食の安全」についても、先進的な取り組みをしていた。

食品業界に対して合成着色料の使用を制限し、第二次世界大戦末期には使用が禁止されている。

当時は、合成着色料などが健康に害を及ぼすのではないか、といわれ始めていたときだったが、ほとんどの国ではまだ規制をするようなことはなかった。しかしナチスはこの問題にいち早く取り組んだのだ。

合成着色料だけではなく、小麦粉の漂白を禁止したり、歯磨きチューブの裏側に使う鉛の使用も禁止している。その制限の中には、サッカリンを発がん性物質として規制するなど、今となっては誤りだとされるものもあるが、だいたいは現在の科学に照らし合わせても妥当なものだった。

そのかいあってか、1950年代のドイツ人の胃がん発生率は、その前の世代に比べるとかなり減っていたのである。

世界最初の禁煙運動

昨今、世界中に禁煙運動が広がり、喫煙者数は激減している。この禁煙運動は、1950年代のイギリス、アメリカで始まったとされるが、実は1930年代にナチスがすでに始めていたことなのだ。

ドイツは、世界最先端の医学の国だったが、その世界最高の医学者たちは、すでにタバコの有害性を指摘していたのだ。

これを受けてナチスでは、大々的に禁煙キャンペーンを始めた。

1939年にケムニックの医師フリッツ・リキントが中心になって、ナチスの中毒性薬物対策委員会から『タバコと人体』という本が出された。1千100ページにも及ぶこの本は、喫煙者がいかに健康を害しやすいかということを訴えている。

この本では、喫煙は肺がんだけでなく、動脈硬化、乳児死亡、潰瘍、口臭などの原因になることも述べられ、喫煙者だけでなく副流煙によって周囲の人の健康を脅かすことも指摘されている。この本は今でも禁煙運動のバイブル的存在である。

ナチスは、パンフレットやポスターでタバコの害を繰り返し宣伝した。

1938年には、公的機関での規制が始まり、役所、病院、郵便局、空軍の基地内が禁煙となった。また国内のすべての列車で、禁煙車両が設けられた。ナチス党内の全機関で禁煙となり、ナチス親衛隊の将校は喫煙を禁じられた。

１９４１年には、ドイツ60都市の路面電車が禁煙となった。同じ年、ナチス広告評議委員長の名で、タバコの広告に関する規制が出された。広告規制の主な内容は次のとおりである。

・タバコが健康によい、もしくは無害であるという表現をしてはならない
・女性向けのタバコの広告をしてはならない
・スポーツ選手やパイロットなどを用いてタバコを吸うことがカッコイイと思われるような広告を作ってはならない

また禁煙補助製品もいろいろ作られた。タバコがまずくなるうがい薬、タバコがまずくなる注射、禁煙ガム、禁煙薬などである。

こうしてみると、最近の日本の禁煙運動とそっくりである。ナチスは70年も先を行っていたというわけである。

アスベスト対策も始めていた

ナチスでは、アスベスト対策もすでに行なわれていた。

アスベストというと、日本では最近問題視されるようになってきたものである。しかしナチス・ドイツでは、アスベストの危険性にいち早く気づき、当時すでに完璧に近い対策を講じていた。

アスベストは、建物の断熱材として使われてきたものだが、繊維が空気中に飛び散り、それを長期間にわたって吸い込むと肺がんなど、健康被害を及ぼすのである。

アスベストと肺がんの関連性は、１９３０年代にアメリカでいわれるようになっていた。ドイツの医学界でも、１９３８年に、アスベストを扱う労働者が肺がんになる確率が非常に高いということを公表した。

ナチスはそれを受けて、すぐに対策に乗り出す。アスベスト対策委員会を発足させ、アスベスト工場での換気装置の取りつけを義務化したり、アスベスト関係労働者の補償制度を制定するなどした。

当時のドイツでは、貿易、外交、軍事など、国内外に問題は山積していた。にもかかわらずアスベスト問題に素早く着手したということは、彼らが非常に先進的、開明的な福祉観を持っていたということではないだろうか。

この当時、世界はまだ産業革命以降の「イケイケドンドン」の時代にあった。経済を発展させ、国力を増進させることが、国家の最大の課題だった。「労働者の権利」「国民の福祉」

などに目を向けられるのは、もう少し後になってからである。

なぜナチスは、「労働者の権利」「国民の福祉」に敏感だったのか？

それはもともとナチスは、「労働者の権利」「国民の福祉」のためにできた政党だからである。

ナチスというのは、正式な名称は「国家社会主義ドイツ労働者党」というものである。マルクス共産主義ではないが、労働者のための党であることには変わりはない。だからこそ、彼らは労働政策において、先進性を持っていたのである。

他の先進国はアスベスト対策において、ナチスよりも20年以上遅れを取ることになる。

１９７３年、アメリカの建設会社マンビルが健康被害に関して訴訟を起こされた。このときの訴訟の中で「ナチス・ドイツではすでにアスベストに関して対策を講じており、会社は危険性を察知できていたはず」という文言が入っていた。

それ以降、アスベストに関する訴訟が、世界中で起こされるようになる。

ナチス式「日の丸弁当」と「歳末助け合い運動」

ナチス時代のドイツは、寄付活動、慈善活動も活発化していた。

ドイツでは、以前から「越冬プログラム」という、慈善活動があった。冬の間は、労働者の働き口が少なくなるために、生活が苦しい人が大勢出てくる。そういう人たちに援助をしようというわけだ。日本の歳末助け合い運動のようなものである。

この越冬プログラムへの寄付を、ナチスは大々的に国民に呼びかけた。ヒトラー政権以前の1932年には9千700万マルクだったが、ヒトラーが政権を獲得した1年目の1933年には3億5千万マルクに上った。戦争たけなわの1942年でさえ、1千600万人が寄付をしているのだ。

この寄付金急増にも、ナチスらしい工夫があった。

国民に、えんどう豆など安価な材料を一品だけ煮込んで作る鍋料理「一鍋料理」というものを推奨したのだ。いわば、ナチス式「日の丸弁当」である。

「月に一度は貧しい人の気持ちになってみよう」

「これで浮いた食費を冬季救済募金に寄付しましょう」

というわけである。

宣伝大臣のヨゼフ・ゲッベルスが、財界の要人を招いて、この「一鍋料理」の食事会を開催するなど、普及に努めたのだ。

またナチスは、寄付を集めるだけではなく、運用にも工夫を凝らした。この越冬プログラムでは100万人以上のボランティアが働いていた。そのため、事務経費がほとんど生じることがなく、寄付金のほとんどを低所得者の救済に回すことができたのだ。

そして救済方法も現金を支給するのではなく、食料、毛布、燃料など、現物を支給するように努めた。現金ではないので支給要件も緩く、だれもが容易に支給を受けることができた。景気がよくなった１９３８年でも、国民の25％がこの越冬プログラムを利用していた。

現金をもらうと低所得者の勤労意欲がなくなってしまう。生活に必要な物はあげましょう、お金は自分で稼ぎなさい、というわけである。

日本の生活保護の場合、支給要件が非常に厳しく、なかなか受けることができない。しかし支給が決まると、アルバイトなどで稼ぐよりも多くの金銭を受け取ることができる。だから一度、支給を受けたものは勤労意欲を失い、いつまでも受け続けることになる。

この点でも日本は学ぶことがありそうである。

この越冬プログラムにおける救済は、ドイツ国民だけではなく外国人に対しても行なわれた。１９３５年から１９３６年までの間に、救済を受けた外国人は8万9千人にも及ぶ。もちろん、この外国人というのは、留学生や大使館職員などの恵まれた人たちのことではなく、季節労働者、移民として入ってきた人たちである。ナチスはこれらの外国人に冷たかった(もしくは迫害した)として、糾弾されることが多いが、このようなことが行なわれていた事実もあるのだ。

母子支援事業

ナチスは母子に対しても手厚い支援を行なった。

具体的には、国家社会主義福利団という団体によって、おおまかにいって3つの方法で行なわれた。

ひとつは、経済的に恵まれない家庭への支援である。貧困している母子には食料品、ミルク、衣類、寝具の提供があった。1935年だけで118万家族、476万人がこの支援を受けている。また食料事情が悪い家庭の子供を、短期間だけ田園に送り、栄養をつけさせるということも行なわれた。子供たちは、農場の建物や農家の民家に宿泊し、体力をつけて都会に帰ってくるのだ。ナチス前半の4年間だけで、179万人の子供たちがこの制度を利用して農村に行っている。

次に、産前産後の医療や衛生面の充実である。母子援護センターというものが作られ、妊婦、産婦、乳児の健康相談、育児相談、教育相談までされていた。満2歳以下の乳幼児はすべて、無料で健康診断を受けることができるようになっていた。そして、栄養不良の子がいれば、補助食料を支給してもらえたのである。

最後のひとつは、都市や農村など各地への幼稚園の設置である。農村では、農繁期に子供を預けるための託児所も設置された。1934年には600ヵ所だったが、1941年には

8千700ヵ所、43年には1万1千ヵ所になっていたという。

さらに驚くべきことに、出産した母親を対象にした保養制度もあった。

これは一定の条件を満たしている母親が、一定期間ナチスの作った保養施設で休養できるというものだ。

母子を招くのではなく母親だけを招くのである。

こういう制度は世界中のどこにもないだろう。子育てに疲れた母親は、少しの間どこかでノンビリしたい、と思うこともあるだろう。そういう欲求に答えたものである。

この母親のための保養施設は、森や海辺などの景勝地や温泉地などに作られた。滞在日数は3〜4週間で、母親が不在のときに家事、育児を親戚に頼めない場合は、家事援助も行なわれた。保育園の不足に悩む現代の日本の若い母親などは、泣いて羨ましがる制度ではないだろうか。

ただし、この母親保養制度は、すべての母親が利用できたわけではない。

子供が2人以上いる母親、出産や病気で弱っている母親、夫が長い間失業している母親、古参ナチス党員の母親が優先された。しかし、ごく一部のナチス幹部の夫人だけが利用したわけではなく、1934年には4万人、38年には8万人、戦時中の40年でも5万人もこの保養施設を利用している。

また反ナチスの家庭や、精神障害者を持つ家庭の母親は利用できなかった。ハンブルクの記録では34年に1千500人の申請者のうち、500人が「遺伝的劣等性」「ナチスに対して反抗的」として拒否されている。

これら国家社会主義福利団の事業は、すべての経費が寄付によって賄われていた。

また出征兵士の家族に対する支援も、手厚いものだった。

父親が出征したとき、家族への援助金は、先進諸国の中で抜きん出ていたのだ。

アメリカ、イギリス、ドイツ3国の「2児の父親が出征した場合の残された家族への支援金」は次のとおりである。

アメリカ	（夫の収入の）36％
イギリス	38％
ドイツ	75％～78％

アメリカ、イギリスは、決して低い数値ではない。ドイツはその米英にダブルスコアに近いほどの差をつけているのである。どれほどドイツが母親や子供を大切にしていたかということである。

夫の収入の7割から8割もらえるということは、夫が戦争に出てもほとんど収入は変わらなかったということである。夫にかかる経費や、夫の小遣い分はなくなるので、実質的に増収だったかもしれない。

この手厚い保護のため、ナチス・ドイツでは出征家庭の女性が働きに出ることが少なく、戦争末期には労働力不足に悩まされることになった。

天下り禁止～ヒトラーの公務員改革～

ヒトラーは国会議員やナチスの党員が私企業の役員になることを禁止し、退職した後に、私企業に再就職することも禁じた。また将来的には公務員にもその規則を作るつもりだったようである。

ヒトラーはこういうことを語っている。

「大管区指導者（自治体の幹部に相当する）、国会議員、党指導者は誰一人として私企業の重役であってはならぬ。名誉職であるか有給職であるかは無関係だ。もしそのような地位に甘んじている公僕がいるとすれば、たとえ彼が実際には国家のためだけに尽くしていたとしても、国民は彼への信頼を失うだろう。資本主義社会国家では、政府に影響力を持つ人間を雇い入れるのは企業繁栄の必須条件だ。だから議員や高級官僚が重役陣に名を連ねることになる。これらの重役に支払われる給料分くらいは、彼らが地位を利用して政府から取ってくる契約のひとつかふたつかで十分に埋め合わせができるのだ」

「公務員の退職後、前職に関連する業界に天下るのは禁止するべきだ。天下る公務員は、どの企業でも彼を雇いたがっているということを知っていてそうするのだ。彼の仕事の能力を買ってではない。その持てるコネゆえだ」

「そのうえ、けしからんことにこの手の天下り役人は、別の人間の正当な権利を強引に奪ってもいるのだ。一生その企業のために働き、一歩一歩トップの座に上りつめてきた人間が座るべき椅子を横取りしているからだ」（『ヒトラーのテーブル・トーク・下巻』三交社より）

これは、今の日本の政治家や官僚に聞かせたいようなセリフである。

政治家や官僚と、民間が癒着することの弊害は、大昔からあることだ。そして根本的には、現在も解決されていない問題だといえる。政治家や官僚が激しく抵抗し、もしくは巧妙に抜け道を作るからである。

特に日本などは、その典型である。

日本の財政がこれほど悪化した最大の要因は、官僚が補助金を使って公益法人という天下り団体を大量に作ったからである。表面上、私企業への天下りは禁止されているので、自前で天下り企業を作っているわけである。これはだれもがわかっていることなのに、だれも手をつけることができない。それを禁止するだけの政治力を持つ人間が日本にはいないのである。

しかしヒトラーはまがりなりにも、この問題に手をつけ、一旦は解決させたのである。それは評価されるべきではないか、と筆者は思う。

ヒトラーが、政治家や公務員に厳しい目を持つようになったのは、若いころの体験にその起源があるという。

ヒトラーがまだ青年のころ、「ドナウ川輸送会社」という会社の不正を目の当たりにしたのだ。

このドイツのドナウ川輸送会社は政府から莫大な助成金を受けていた。各政党から２人ずつ合計12名が会社の重役に送り込まれており、助成金の４分の１はこれらの重役の報酬になっていたのだ。

重役たちの働きかけで、ドナウ川輸送会社の営業地域には、鉄道が敷かれないようになっており、沿岸の住民たちは必然的にドナウ川輸送会社の船を利用しなければならなかった。

当時、ドイツ社民党が、このドナウ川輸送会社の不正を暴きたてた。社民党だけは重役の椅子を与えられていなかったのだ。新聞各紙がドナウ川輸送会社を攻撃し、議会は紛糾した。

しかしあるときパタッと、このスキャンダルが収まった。重役の椅子がふたつ増やされ、社民党にそれが与えられたのだ。

これを見たヒトラーは、議員や役人たるもの絶対に私利を得てはならない、という信念を持つようになったというのだ。

ヒトラーは若いころ感じた世の中の矛盾や不条理なことを、年齢を重ねてからも忘れずに、それを是正しようとした、良くも悪くも、非常に純粋で、ストレートな人でもあったといえるだろう。そのストレートさが、また大きな災いをもたらすことにもなったのである。

第3章

ヒトラーは経済の本質を知っていた

資本主義の矛盾を味わいつくしたドイツ

ヒトラーは、当時の経済学のセオリーを無視した独自の経済政策を打ち出し、ドイツを奇跡の復活に導いた。

ヒトラーがなぜ独自の経済政策を打ち出せたのかというと、当時のドイツの世相に大きな要因がある。

というのは、第一次世界大戦が終わってから、ヒトラー政権が誕生する1933年までのドイツは、「ハイパーインフレ」「大不況」「財政破綻」「通貨危機」「大量失業」など資本主義経済で起こりうるありとあらゆる問題を経験していたのだ。

アドルフ・ヒトラー（SCANPIX/PANA）

それを20代後半から30代のヒトラーは肌身で体験した。経済学の教科書の主なトピックを、実地で学んだようなものである。おそらく机上で研究書をめくるだけの学者よりは、はるかに実践的なスキルが得られたはずだ。

この章では、ドイツの経験した経済苦難と、ヒトラーの歩みをたどってみたい。

ヒトラーは、1889年オーストリアで、税関吏の子として生まれる。少年時代は決して優秀ではなかった。落第を2回もした劣等生である。16歳のとき、父親の死をきっかけに、実業学校を退学し画家になるためにウィーンに出る。美術大学を2回受験するが2回とも失敗する。

ウィーンでは不遇の時代を過ごし、浮浪者に近い状態のときもあったという。ただ当時のオーストリアやドイツの青年たちにとって、これは特別な状況ではなかった。ヒトラーは画家志望の普通の青年だったのである。

1914年に勃発した第一次世界大戦では、オーストリア国籍のままドイツ帝国の志願兵になる。オーストリアからも召集令状がきていたが、彼はそれを蹴っている。ドイツに対する強い憧れがあったのだ。

優秀な伝令兵だったヒトラーは1918年には、一級鉄十字章を授与される。志願兵がこれをもらうことは稀だった。

そして毒ガスによって負傷したヒトラーは、野戦病院で終戦を迎えた。

ベルサイユ条約の衝撃

第一次世界大戦で、ドイツは敗北してしまう。

ここからドイツの苦難が始まる。

休戦条約締結とともに、無数の機関車、自動車、船舶が連合国に引き渡された。彼らは使用が可能なものはなんでも持っていった。連合国側の莫大な占領軍維持費もドイツが支払うことになった。

にもかかわらずドイツに対して敷かれていた経済封鎖は解かれなかった。大戦中、ドイツは食料などの輸入をストップされていたのだ。

当然、食料事情は困窮を極めた。1919年の上半期だけで10億マルク以上を食料品の輸入のために充てた。それでも、足元を見た連合国側は、粗悪な食料しか提供しなかった。

そして講和条約としてベルサイユ条約が締結される。

このベルサイユ条約こそが、第一次世界大戦後のドイツを絶望にたたき落とし、ナチスが生じた要因でもある。

ベルサイユ条約は、ドイツにとって過酷なものだった。ベルサイユ条約231条では、第一次世界大戦の責任は一方的にドイツにあると規定され、232条ではドイツは連合諸国が受けた損害を賠償しなければならない、とされた。

ベルサイユ条約による領土の減少

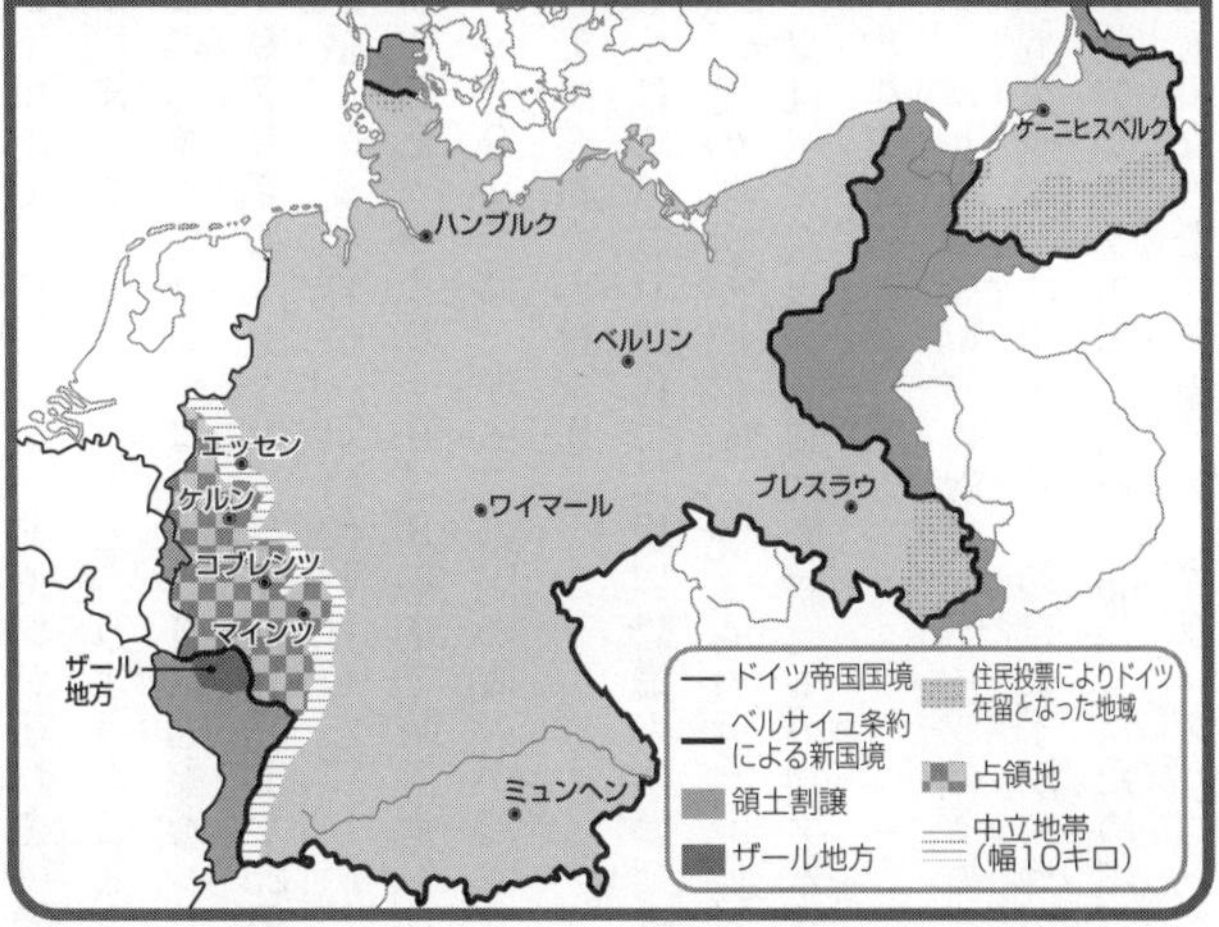

植民地はすべて取り上げられ、人口の10%を失い、領土の13.5%、農耕地の15%、鉄鉱石の鉱床の75%を失った。この結果、ドイツ鉄鋼生産量は戦前の37.5%にまで落ち込んだ。

賠償金は、およそ３３０億ドル。ドイツの税収の十数年分というめちゃくちゃなものだった。

ドイツは何度も何度も旧連合国側に、妥当な額の算出を求めた。このままでは絶対に払うことは不可能なので、専門家がドイツの国力を計算して、支払い可能な額を出してくれ、と。

イギリスの経済学者ケインズなども、「もしドイツがこれほどの賠償金を払うということならば、桁外れの工業製品輸出をしないと不可能であり、万が一ドイツがそれを可能にしたならば、そのときはイギリスの工業製品が壊滅しているだろう」というようなことをいい、賠償金の減額を提言した。

このベルサイユ条約は、あまりに過酷だったので、後に少し緩和された。

1929年のヤング案では年間支払額が25億マルクから20億マルクに軽減され、アメリカが賠償金の支払いを一旦肩代わりした。しかしその代わり利子も含めての支払いを59年間継続すること、つまり1988年まで賠償金の支払いをすることになっていた。

1929年当時、ドイツの国の歳入が73億マルク程度なので、歳入の3分の1近くが賠償金に充てられたわけである。

さらに1930年代には世界恐慌の影響でドイツの歳入は56億マルク程度に落ち込んだために、その半分が賠償金に充てられることになった。これが60年も続くのである（実際に、ドイツは第一次世界大戦時の賠償金の利子を21世紀になるまで払い続けた）。とてつもなく重い負担である。

第一次世界大戦開戦のとき、ドイツはそもそも戦争を欲してはいなかったのである。第一次世界大戦は、オーストリアの皇太子がサラエボで暗殺されたことに端を発している。オーストリアがサラエボに宣戦を布告したために、同盟関係に引きずられてドイツも参戦したようなものなのだ。イギリス、フランス、ロシアなども、これといった深刻な対立はないまま、張り巡らされた同盟条約のために参戦していった。

もちろん、ヨーロッパ全体に、お互いを牽制し合う緊張感がみなぎっていて、一触即発の空気はあった。「サラエボの悲劇」が導火線になって、それが爆発したということもあるだろう。しかし、少なくとも「ドイツだけが積極的に戦争を仕掛け、侵略行為をした」というのは当たらない。

ベルサイユ条約に対して、ドイツ人がどれほど憤慨し、どれほど絶望的な気持ちになったかは、想像にかたくないはずだ。

英仏の借金を背負わされたドイツ

ベルサイユ条約がこれほど過酷になったのは、当時の連合諸国の事情がある。

１９１７年12月４日、ウィルソン大統領は、「大戦の終結にはいかなる方法であっても復讐があってはならない。その国の無責任なる支配者の犯した重大な不正のゆえに所有を奪われたり処罰されてはならない」と宣言した。

しかしこの演説はただの空手形だった。

確かに当初は、損害を受けた財産に対する賠償のみを請求するはずだった。しかし、イギリスやフランスの強い主張で最終的に「戦費」までを含めることになった。

というのも、イギリスやフランスは、大戦中、アメリカから莫大な戦費を借り入れ、大量の軍需品を購入していた。戦後、英仏はアメリカに借金の帳消し、もしくは減額を求めたが、受け入れられなかったのだ。

ウィルソン大統領は「敗戦国から略奪してはならない」と語ったが、だからといって英仏の負担を減らしてはくれなかったのだ。「それとこれとは話は別」ということなのだ。

そのためイギリス、フランスは、借金の返済金をどこかから調達しなければならなかった。その矛先がドイツへと向かったわけである。

また第一次世界大戦では、連合国側も国力が疲弊し尽くしていた。各国の国民は、怒りをぶつけられる相手を求めていたのだ。

その矛先は、敗戦国に向けられることになった。しかし、敗戦国の主要国であるオーストリア、オスマン・トルコは解体され、唯一残った大国はドイツだけだった。なので、ドイツ一国が連合国の国民の不満のはけ口になったのだ。

1918年の12月に行なわれたイギリスの総選挙では、国民の歓心を得るために候補者たちはこぞってドイツへの報復賠償を口にした。

「レモンを搾るように、ドイツから搾り取ることを約束しよう。私はレモンの種が音を立てるのが諸君の耳に聞こえるまで、ドイツから搾り取ってやるのだ」

これは前閣僚のゲッデスの演説である。

現在だったら、国際非難が囂々《ごうごう》と巻き起こるであろう。

しかし当時の社会情勢のなかでは、そう非難されるものではなかった。帝国主義が渦巻く20世紀初頭、弱いものが叩かれることは、不自然なことではなかったのだ。

英仏の妬みを買っていた第一次世界大戦前のドイツ

ベルサイユ条約の賠償金は、その大きさもさることながら、支払い方法もドイツにとっては過酷なものだった。

毎年の定期払いのほかに、ドイツの輸出製品に26%の輸出税をかけて連合国が受け取るというものだ。これはドイツ製品の国際競争力を大きく損なうものであり、ドイツの経済復興を大きく妨げるものとなった。

イギリスとフランスは、ドイツから戦争賠償を得るとともに、工業国としてのドイツを叩くことも画策していた。第一次世界大戦前に工業国として勃興してきたドイツは、イギリスやフランスにとって国際貿易においての強力なライバルになっていたのだ。だからこの際、ドイツの国際競争力を落としてしまおうと考えたのだ。

ドイツは、ヨーロッパのなかでは遅れてきた列強という存在だった。

19世紀後半まではドイツは、各州に分かれていたので、国家的な規模での発展は遅れていた。ドイツの諸国のひとつプロイセンが、普仏戦争でフランスを破り、ドイツの中心的地位を確立した1871年にドイツはようやく統一された。

日本の明治維新が1868年なので、ドイツと日本はほぼ同じころに国際デビューしていることになる。

そして1888年に即位したヴィルヘルム2世が、帝国主義を積極的に推進し工業化に成功、ドイツはアメリカとともに、世界の工業生産をリードしていくことになる。

1870年の時点で、世界の工業生産のシェアは、イギリス32％に対しドイツ13％だった。しかし1910年にはイギリス15％に対してドイツは16％と逆転している。フランスにいたっては、6％に過ぎない。

ドイツは第一次世界大戦前から、ヨーロッパ大陸で最大の工業国になっていたのだ。

1913年、ドレスナー銀行の40周年の記念パンフレットには、ドイツが農耕社会から世界有数の工業国になったこと、人口は倍増し、労働者は高給をもらっていること、以前は洪水のように移民が海外に流出していたが今はそれもほとんどないこと、国の借金が少ないこと、などが書き連ねてある。

しかしドイツのこの成功は、他の西洋諸国の妬みを買っていた。それが第一次世界大戦の要因のひとつともいえるのだ。

だから、英仏はこの際ドイツの国際競争力を落としてしまおうと考えたのだ。

ルール占領の屈辱

１９２３年１月、ヨーロッパ最大の炭鉱であり、ドイツ最大の工業地域ルールが、フランス軍によって占領された。

この事件は、ヒトラー政権誕生の伏線ともなる重大なものである。

前年、ドイツにはベルサイユ条約破棄を掲げるクノー政権が誕生していた。一方、フランスでも、対ドイツ強硬路線を取るポアンカレが首相を務めていた。

第一次世界大戦でアルザス・ロレーヌ地方を獲得していたフランスは、その豊富な鉄鉱を生かすべく、大量の石炭を求めていた。そのためルール炭鉱を持つドイツに、賠償金の代わりに石炭を納めさせたのだ。

しかし、ドイツは経済が破綻状態であり、クノー政権が誕生したこともあり、石炭の納入がストップしていた。

それに怒ったフランスのポアンカレ首相は、ベルギーを誘って、ルール地方占領の挙に出たのだ。

ベルサイユ条約で事実上、兵力を取り上げられていたドイツは抵抗のしようがない。「フランス軍にされるがまま」の状態になってしまった。

フランス軍は、ルール地方を支配下に置くと、工業地帯を占領するだけではなく、様々な形で略奪を行なった。

たとえば、一方的にゲルゼンキルヘン市に1億マルクの罰金を科し、市民の財産を没収するという形で徴収された。要するに市民から略奪をしたわけである。

帝国銀行が所有していた128億の金がフランス軍によって略奪され、またミュルハイム国立銀行支店に保管されていた60億マルクの未完成の紙幣がフランス警察により奪われ、これを完成紙幣にして流通されてしまった。このことが、その直後にドイツを襲うハイパーインフレの要因のひとつとなった。またルール住民とフランス軍の衝突はときどきあり、住民側に多くの犠牲者も出た。

こうして並べてみると、フランス軍はやりたい放題という感じである。

国際世論も、このフランス、ベルギー両軍によるルール占領はあんまりだ、という方向に傾き、イギリスからも抗議の声が上がった。

またドイツ側は、武力による抵抗の代わりに、サボタージュによる抵抗を呼びかけた。石炭の採掘はストップし、最新の設備を誇る工場もまったく稼働していなかった。その結果、フランス軍は占領費ばかりがかさみ、ほとんど何も得るものがなかった。

ドイツ人の多くはこのときに、再軍備の必要性を感じたはずである。

またフランスは、このときの失敗に懲りて、ドイツに対して強硬な姿勢を取らなくなった。

それがナチスの領土拡張政策を助長させた一因ともされている。

ハイパーインフレ

ベルサイユ条約のため、ドイツ経済は崩壊に陥った。

戦争で産業が疲弊した中で、莫大な賠償金を課せられたドイツ政府は、企業に対して特別税、相続税、贅沢品への課税などありとあらゆる課税をしたが、追いつかなかった。仕方なく紙幣を増刷することでその難を逃れようとした。

しかも、そういうときに、フランスがルールを占領するという事態が起きた。

そのため、ドイツの通貨の価値は急暴落し、天文学的なインフレーションが生じたのだ。

歴史の教科書にたびたび登場するので、ご記憶の方も多いだろう。

たった1斤のパンを買うために一輪車いっぱいにマルク紙幣を積んでいかなければならなかった、ビアホールでビールを注文し、飲み終わったときにはすでに価格が上がっていた、などという話の数々である。

このインフレのさなかに、大儲けしたものもいた。

マルクは外貨に対して価値を下げていく。なので、有力な外貨であるドルやポンドを持っていれば、ドイツの資産をただのような値段で買い取ることができた。そのなかには、国際的なネットワークを持つユダヤ人実業家が多数含まれていた。それがユダヤ人迫害のひとつの要因となった。

当時のドイツ・ワイマール共和国では政党が乱立して、政治が安定せず、まともな政策がほとんど実行されなかった。

また混乱するドイツのなかで、バイエルンなどが独立しようとする動きもあった。ドイツは19世紀にやっと統一されたが、その前までは各地域が割拠していた。ドイツの統一は、ドイツにとっての悲願でもあった。しかしそれが第一次世界大戦の敗北によって、また割拠時代に戻ろうとする動きも出てきたのだ(これは近隣諸国、特にフランスにとっては好都合だった。ドイツが分割されれば、弱体化するからだ。フランスは、バイエルンなどのドイツの分離主義者たちに資金援助までしていた)。

この混乱の中で、ドイツにはふたつの極端な政治潮流が生まれる。

右翼と左翼である。

カール・マルクスを生んだドイツは、共産主義の本家本元でもある。当然、共産主義活動は激しさを増し、ストライキや暴動が頻発していた。

その反動として、「強いドイツを取り戻せ」的な右翼の活動も活発化してきた。両者は鋭く対立し、しばしば暴力行為に及び、街の治安はますます悪化した。このふたつの流れが、その後のドイツの命運を左右することになるのだ。

ヒトラーはなぜナチスに入ったか？

当時、ヒトラーは何をしていたのかというと、さえない日々を送っていた。軍でのかつての上司が、そんなヒトラーを心配して、ある職務に就かせる。軍の情報員として、激増した政党や反動分子の調査をするという仕事である。

このころのドイツは、自由で民主的なワイマール共和制の下、雨後のたけのこのように新しい政党が誕生していた。また過激な右翼や共産主義者が治安を乱すことも多かったのだ。

そこで軍は情報員（スパイ）を派遣して、彼らの内情を探らせていた。その仕事がヒトラーに与えられたのだ。

ヒトラーは「ドイツ労働者党」に潜りこみ、情報を収集することになった。しかし、「ドイツ労働者党」の集会に参加するうちに、この党に感銘を受け入党してしまう。ミイラ取りがミイラになったのだ。

この「ドイツ労働者党」がナチスの元となる組織である。

この当時「ドイツ労働者党」は50人程度の小党だった。ヒトラーは、その弁舌で次第に党の中心的人物になっていき、1920年には軍を辞め党務に専念し、その翌年には党首となる。

1923年、ナチスはミュンヘンで政権の奪取をもくろみクーデターを起こした。

これがミュンヘン一揆と呼ばれるものである。しかし警察や軍などの協力が得られず、失敗に終わる。ヒトラーは逮捕され、ナチスは非合法とされた。

ヒトラーは禁錮5年の判決を受けランツベルク刑務所に収容され、この期間に口述筆記で『わが闘争』を執筆する。この『わが闘争』は大ベストセラーとなり、ヒトラーの名を一躍有名にした。

それとともにナチスも大躍進をしはじめるのである。

大恐慌時のドイツは国家的な「貸しはがし」にあった

ドイツは1920年代半ばには、束の間の経済的安定を謳歌する。

1923年の「レンテンマルクの奇跡」（詳細は第4章P165）で、ハイパーインフレを収束し、経済も少しずつ復旧したのだ。そして1924年以降、アメリカをはじめ外国からの投資が大量に流れ込んできて、ドイツ経済の生命線である輸出は、順調に回復していった。薬品、フィルム、自動車、化学繊維など、各産業で大きく発展をした。

しかしこのドイツの繁栄は、非常に不安定な基盤の上に成り立っていた。ベルサイユ条約の賠償金という負債を抱えている身であり、アメリカからの投資がなくなれば、たちまち行き詰まるという状態だったのだ。

そしてもっとも恐れていたことが、現実に起こったのである。

1920年代後半、アメリカは株式市場の大ブームが起き、海外に投資された金は引き上げられて、国内の株式市場に向かい始めた。アメリカからの投資が減ったドイツは、たちまち外貨不足に陥り、1929年春にはベルサイユ条約の賠償金支払いが困難になった。

そして1929年10月には、アメリカの株の大暴落により、世界は大恐慌に陥った。この大恐慌で、アメリカからドイツへの投資は一斉に引き上げられた。

1930年から31年にかけて外国金融業者は、ドイツへの新規貸付を一切やめ、短期債務の返済を要求した。

いわば国家間の貸しはがしである。

そのためドイツの金保有高、外貨はほとんど消滅してしまった。

当然、ドイツ経済は大混乱に陥った。

1931年7月には、ドイツ第2位のダナート銀行が破綻し、ドレスデン銀行など経営危機に陥る銀行が続出し、多くの企業が倒産した。

この「ドイツ金融恐慌」は、ヨーロッパ中に波及し、世界恐慌に拍車をかけた。

この年の9月にはイギリスからの大量の金流出が起こり、イギリスは金本位制から離脱した。

世界経済の大混乱のなか、ドイツは深刻な不況に陥り、450万人もの失業者を出した。その中で急成長してきたのが、ヒトラー率いるドイツ国家社会主義労働者党「ナチス」なのである。


ヒトラー以前にも軍国主義政権は誕生していた

ヒトラー、ナチスは、「ベルサイユ条約の破棄」「再軍備」などの対外強硬、軍国主義路線を掲げて登場してきた。

それがヒトラーやナチスの特徴のように思われている。

しかし、「ベルサイユ条約の破棄」や再軍備という発想は、ナチスのオリジナルというわけではない。当時のドイツの知識人の間では、広くいわれていた考え方なのである。

実際、ヒトラーが政権を取る前から、ドイツはひそかに再軍備を進めていたのである。

たとえばワシントン会議が開かれ、世界が軍縮に向かっていた1922年に、ドイツはソ連と極秘の協定を結んでいる。これは北イタリアのラッパロで行なわれた独ソ間の経済、軍事協定で、「ラッパロ協定」と呼ばれている。この協定によりドイツ陸軍はタタール共和国のカザン市で戦車の運用試験を行ない、モスクワ南東のリペスク航空基地で戦術研究や航空機の実験を行なうことができるようになった（もちろん、実験の成果はソ連にも提供されるようになっていた）。

またベルサイユ条約では陸軍は10万人と制限されていたが、ドイツでは10万人に下士官以上の教育を行なった。下士官というのは、10人、20人の兵士を統率する。末端の兵士は1、2年で育成することができるので、下士官を10万人持っていれば、100万、200万の軍隊をいつでも持つことができるということだ。

さらに軍需産業を衰退させないようにトラクターの製造を行なわせたりして、ドイツの産業界がいつでも兵器製造ができるようにしていた。

このように、ナチスが再軍備を宣言するかなり前から、ドイツはしっかり軍備をしていたのである。

またナチス以前にも、ドイツで軍国主義路線の政府は誕生していたのだ。

それは1922年11月、財界などの支持を得て発足したクノー政権である。

このクノー政権は、ナチスの予告編のような存在だった。

クノー政権は反ワイマール主義、軍国主義路線を掲げ、ベルサイユ条約の賠償金支払いを拒否するなど英仏と対決姿勢を取った。また発足当時、連立政権（国民、民主、中央、バイエルンなど）だったが、この点もナチスとよく似ている。

このクノー政権成立2ヵ月後（1923年1月）に、賠償金支払い拒否を理由にフランス、ベルギーによって、ドイツのルール地帯を占領されてしまう。ルール占領はクノー政権に対するフランスの圧力であることは疑いようもない。

軍事力がないに等しかった当時のドイツは、ほとんど抵抗できなかった。この年の8月、フランスの思惑どおりクノー政権は崩壊している。

ナチスは大衆が選んだ政党

誤解されがちであるが、ヒトラーは武力革命などで政権を取ったわけではない。以前にはミュンヘン一揆など、違法な武力闘争をしたこともある。しかし、ヒトラー政権の誕生は、選挙と法律による合法的な手続きによるものなのである。

ヒトラーの執筆した『わが闘争』が大ベストセラーになり、順調に党勢の拡大をしていたナチスは、1930年の選挙では国会で第二党になった。

その勢いをかって1932年5月13日に行なわれたドイツの大統領選挙では、ヒトラーが出馬する。

第一次世界大戦の英雄ヒンデンブルクの圧勝かと思われたこの選挙だったが、ふたを開けてみるとヒトラー、ナチスの異常な躍進を示す結果となった。

ヒンデンブルク1千865万票に対して、ヒトラーは1千130万票も獲得し堂々の2位となったのだ。ヒンデンブルクは過半数を得られず、3週間後に決選投票が行なわれた。ここでも、ヒトラーは1千350万票を獲得し、国民の多くがナチスを支持していることが判明したのである。

1932年当時、ナチスの党員は80万人程度しかいなかった。しかし、大統領選挙では1千350万票を集めたのである。この数字から見て、ナチス党員だけがヒトラーの支持者ではなかったといえる。

つまりは、ナチスは国民から待望された政党だったのだ。

その年の7月に行なわれた総選挙では、ナチスの議席は倍増し230議席を獲得して、ついに第一党となった。

ときの首相フォン・パーペンは、これは一時的な現象だと見て、この悪夢を拭《ぬぐ》い去るために秋にまた国会を解散した。

しかし、その結果はフォン・パーペンの期待を裏切るものだった。

ナチスは34議席を減らしたものの第一党として健在。そして共産党が議席を11伸ばした。

フォン・パーペン首相は、国会を維持できなくなり、首相の椅子を放り投げてしまった。

ヒンデンブルク大統領は、決断を迫られた（当時のドイツの法律では、大統領が首相を任命することになっていたのだ）。

ナチスの勢いを無視することはできない。もしこのまま放置していれば、国民はさらなる変革を求め、共産党にシフトしていくかもしれない。

「共産党よりも、ナチスのほうがまだまし」

ついに、そういう結論に達した。

1933年1月、ヒンデンブルク大統領は、ヒトラーに首相を命じた。


ヒトラーは財界をどうやって丸め込んだか？


ヒトラー政権が誕生する約1年前の1931年10月11日、ドイツの行方を決定づける重大な出来事が起こった。

ヒトラーとドイツ政財界の大物が会合を開いたのである。

この日、財界の大物アルフレッド・フーゲンベルクが、ハルツブルク温泉でワイマール体制に反対する保守派と右翼を結集する集会を開いた。

フーゲンベルクが率いる「鉄兜団」や「ドイツ国民党」、貴族や地主などで形成する「農民党」、それに「国家社会主義党（ナチス）」も参加した。

財界からはフリッツ・ティッセンなどの大資本家たち、王子4人（元ドイツ皇帝の息子）、貴族、元陸軍大将16人までも参加した。その席には、ハイパーインフレを収束させた国際的な金融家ヒャルマール・シャハトもいた。

会場には旧帝国旗がはためき、ナチスの突撃隊が上げ足歩調で行進した。そしてヒトラーとアルフレッド・フーゲンベルクが、お互いに政治的同志であることを宣誓した。

これには世間は驚嘆した。

というのもナチスは、マルクス主義ではないものの、どちらかというと左寄りと見られていたからだ。

その当時、ナチスはビーフステーキといわれていた。

制服は茶色でも中は赤い（共産主義）ということである。大統領のヒンデンブルクもナチスの鉤《かぎ》十字の旗を見て、「あの旗は赤が多すぎる」といったという。

そのナチスが、ドイツ財界と手を組んだのである。

以後、ドイツ財界はナチス政権の成立に力を貸し、政権誕生後もその維持に協力していくことになる。

たとえば1933年6月1日、クルップが中心になって「ドイツ経済界アドルフ・ヒトラー基金」が作られた。ドイツの名だたる企業がこぞって参加したこの基金は、支払い賃金の5%相当額をナチスに寄付するというものだった。

それにしてもヒトラーはどうやって財界を丸め込んだのか？

これにはヒトラーの類まれな政治センスが隠されている。

当時のドイツの財界には、共産党への恐怖というものがあった。

当時はロシア革命が起きて間もないときであり、ロシアで上流階級のものたちが残虐に殺害されていくニュースが、新聞を通じて飛び込んできていた。1918年～1919年にかけては、ドイツでも、共産革命運動の嵐が吹き荒れた。国内は動乱に見舞われ、無秩序状態になった時期もあった。

すでに何度か触れたように、マルクスを生んだドイツでは共産主義者も多く、その活動も活発だった。ドイツの財界人、知識人たちは共産主義の動きに、強い警戒感を持っていた。

「共産主義がなぜそんなに怖いのか？」

と思う人もいるだろう。

現在の日本の共産党を見れば、共産主義がそんなに危険なものとは思われないかもしれない。

しかし当時の共産主義は、武力、暴力による革命を目指していたので、破壊活動や誘拐、殺人なども日常茶飯事だった。ドイツの財界、知識人、一般市民にとって、共産主義は恐怖の対象だったのだ。

ドイツの大企業家たちも、このまま経済状態が改善されなければ、やがて共産革命が起きるんじゃないか、と恐れていたのだ。

ヒトラーが首相の座についた１９３３年初頭というのは、ナチスがいったん衰退したときだった。

前年の11月に行なわれた国会選挙では、快進撃を続けてきたナチスは初めて負けたのだ。２３０あった議席を34も減らしてしまったのだ（それでも第一党ではあったが）。

このときに大躍進したのが、共産党だった。共産党は前回よりも11議席も増やし、しかも首都ベルリンでは第一党に躍り出たのだ。

もしナチスと共産党が組めば、ドイツは共産主義の国になってしまうかもしれない。財界人たちは、なんとしてもそれは阻止しなくてはならなかった。

財界人たちはナチスに経済支援を約束し、またヒンデンブルク大統領を説得して、ヒトラーを首相の座につかせたのだ。

独裁体制国家の長所と短所

ヒトラーは政権を取るとすぐに、全権委任法という法律を成立させた。

これはナチスの独裁体制を敷くというものであり、ナチスを暴走させた元凶とされている。

しかし経済政策的な面を考えた場合、この独裁体制こそが、成功の要因だといえるのだ。

民主国家の通常の議会政治をしていれば、産業の統制などそうそうできるものではない。世界大恐慌、通貨危機のような緊急時に、政策決定に手間取っていれば、有効な景気対策など施せるわけはない。

ナチスの場合、国家全体の利益を考えた政策を打ち出し、それを迅速に実行できた。それが、失業率の急速な改善につながったのである。

しかし、なぜドイツ国民がナチスの独裁体制を受け入れたのか、現代人にとっては疑問の残るところである。

これには大きくふたつの理由が考えられる。

まず第一に、ドイツの国民はそれまでさんざん困窮した生活を送ってきて、事実上の餓死者も出るような状況が続いてきたので、「とにかく仕事と衣食住をくれるんだったら、多少の統制は我慢しよう」と考えたのだろう。

またワイマール憲法下のドイツでは、内閣が平均して1年も持つことがなかった。

頻繁に政権担当者が代わったために、有効な手立てを打てなかった。失業は増大し社会は混乱、治安の悪化を招いた。それにこりごりしていたドイツ国民は、強い政権を望んでいたのである。

ただこの独裁体制には、なんといっても重大な短所がある。独裁者が賢明なときにしか有効に機能しないということである。もし独裁者が、暗愚な場合、国が落ちて行くスピードもまた尋常ではないことになる。

ナチス・ドイツの場合も、前半期は社会に目覚ましい発展をもたらしたが、後半期に戦争を始めてからは、ブレーキが利かずに、坂道を転がる（というより落下する）ように転落していった。

「独裁体制」は、人類が国家のシステムとして使いこなすには、まだ難しいということかもしれない。

資本主義と共産主義を足して2で割ったのがナチス

「ナチス」というのは、国家社会主義ドイツ労働者党のこと、つまりは政党の名前である。

ナチスという名称は有名だが、彼らがどんな政治思想、経済思想を持っていたのかは、あまり知られていない。

「ナチスは全体主義」

といわれる。

全体主義というと、国家がすべてを統制した資本主義、自由主義とは対極に位置する社会システムのような印象を受ける。

しかしそれは誤解である。

ナチス・ドイツの政治経済思想を大まかにいえば、資本主義と共産主義の中間のようなものである。

基本的には資本主義を採りつつ、国家が関与する部分もあるというものだ。

前述のように、第一次世界大戦後のドイツは非常に厳しい状況下に置かれた。

ドイツは、経済が崩壊していく過程で、「資本主義の矛盾」をより強く味わうことになったのである。

その一方、理想の民主憲法といわれたワイマール憲法の下、極端な社会保障をすることの非効率さも骨身にしみて感じていた。

そこで、ナチスは資本主義と社会主義両者の長所を生かしつつ、欠点を修正するという方向を採ったのである。

ナチス経済相のシャハトは次のようなことをいっている。

「資本主義的経済方法の応用なきいかなる社会主義的経済方法も考えられず、各経済階級間の社会主義的協調なきいかなる資本主義経済も存立しない」

つまりは、資本主義のいいところと社会主義のいいところをうまく混ぜ合わせなければ、経済はうまくいかないということである。

資本主義は、個人の自由な発想を取り入れることができ経済の効率的な発展につながる、しかしただ利己を追い求めるだけで、深刻な格差が生じれば、階級闘争に発展し、かえって社会的には不経済になる。

個人の創意工夫を生かしながら、階級によるいがみ合いが生じないように、富の分配をする、それが理想の経済体制だとシャハトはいっているのである。

これは、第二次世界大戦後に、先進各国が採るようになった修正資本主義の先駆けだともいえる。

「弱者救済」と「ナショナリズム」がナチスのテーマ

ナチスでは、1920年に、ヒトラーが中心になって25ヵ条からなる党綱領を作っている。この党綱領がナチスの思想そのものであり、これがそのまま政策として実行されている（実現できなかったものもあるが、とりあえず実行しようとはした）。

この綱領を簡単に紹介したい。ナチス党綱領は以下のとおりである。

1. すべてのドイツ人が結束する（注・ドイツは19世紀まで各地域が群雄割拠しており、第一次世界大戦後もバイエルンの分離離脱問題などを抱えていた）
2. ベルサイユ条約の廃止
3. ドイツ人を扶養しうるだけの土地（植民地）を要求する
4. 血統的にドイツ民族の血をひくものだけが、ドイツ国民になりうる
5. ユダヤ人などドイツ国民でない者は、外国人法の適用を受けねばならない
6. 国民の権利は、ドイツ国民のみが有する。公職から外国人を締め出し腐敗した議会を糺《ただ》す
7. ドイツ国民の生活を最優先する。国家に余裕がない場合、外国人は国外に退去させる
8. 非ドイツ人のこれ以上の移民は禁止
9. ドイツ国民はすべて同等の権利を持つ
10. ドイツ国民は、創造的であるべし
11. 不労所得の撤廃、寄生地主の打倒
12. 戦争で得られた利益の回収

13. トラスト企業の国有化（注・当時、鉄鋼業界などで企業の大同団結が行なわれ、巨大なトラスト群が出現していた。これらを私企業としておくのは問題であり、国有化せよと主張したのだ）
14. 大企業の利益の国民への分配
15. 老人社会保障制度の大幅な強化
16. 大型小売店（百貨店など）の国有化。小規模経営者への支援
17. 公益目的のための土地の無償収用、地代徴収の禁止、土地投機の制限
18. 高利貸し、闇商人の追放
19. ドイツの新しい憲法の制定
20. 無償の高等教育制度の制定
21. 母子の保護、少年労働の禁止、体操とスポーツを義務として法的に定める
22. 傭兵部隊の廃止と国民軍の形成
23. 非ドイツ人のマスコミ活動の禁止。公共を害する報道の規制
24. 公序良俗に反しない限りの宗教の自由。ただし公益は私益に優先する
25. 国家の強力な中央権力の確立

これらの党綱領を眺めてみると、ナチスのテーマは、「弱者救済」と「ナショナリズム」だったことがわかる。虐《しいた》げられた国、貧困にあえぐ国では、決まって生じてくる思想でもある。これにドイツ人の合理性が加わることで、「ナチスの思想」が出来上がったといえるだろう。そしてこの党綱領のなかには、当時のドイツ人が何に憤慨し、何を求めていたのかが表現されているといえる。

1条から10条まではナショナリズムが溢れたものとなっている。当時のドイツはバイエルンなどの独立問題をも抱えており、国家分裂の危機に陥っていた。それで、第1条では、ドイツの団結を謳っているわけである。

そして第2条ではベルサイユ条約の破棄がある。これがやはり当時のドイツ人にとって、もっとも切望されたものだったのだろう。

また当時のドイツには、ユダヤ人をはじめ多くの外国人が入ってきていた。そのため、彼らを公職から締め出し、まずドイツ人の生活を優先させる、ということが織り込まれている。ただ、まだこの党綱領の段階では、「ユダヤ人の迫害」までは言及されていない。ユダヤ人迫害は、初めから計画されていたわけではなく、政策運営の途中から出てきた項目なのだといえる。

11条から14条では、投資家や大企業の横暴を懲らしめる内容になっている。当時、大勢のドイツ国民が不況や失業で悩まされてきたにもかかわらず、投資家や大企業の中には戦争で大儲けしたもの、不況を機に他の企業を買収し巨大化したもの、などがあったのである。

15条以降は、社会改革の具体的な事柄が述べられている。

注目されるのは、15条の老人年金や21条の母子、少年の保護などに見られるように、ナチスはこのときからすでに福祉や厚生について並々ならぬ関心を抱いていたということである。

ナチスの結党の動機は、他国を侵攻しようとか、ユダヤ人を迫害しようというようなものではなく、国民の生活、福利増進を第一に考えていたということである。

ナチスは私有財産を否定していたのか？

ナチスというと「国家社会主義ドイツ労働者党」というのが正式名称であり、その党名に「社会主義」という文言が入っている。「ナチスは資本主義と社会主義の中間を採っていた」と述べてきたが、資本主義と社会主義との最大の相違点である「私有財産制」についてはどう考えていたのだろうか？

その答えは、「私有財産は認められる」ということである。

ナチスはその党綱領では、トラスト企業などを国有化することを求めてはいるが、私的な経済活動すべてを制限するというようなことは述べられていない。

また将来的に、私有財産制を廃止するようなことも考えていなかったようである。
基本的にヒトラーは、私有財産や私的経済活動を認めていたといえる。たとえば、彼には次のような言葉がある。

「私は私有財産の保護に全面的に賛成だ。個人がその労働収入の一部を家屋敷の取得、拡張のために使いたいと願うのは当然だ。その屋敷内に工場があったと仮定しよう。原則として、この工場は国家が経営するよりその家族で経営した方がうまくいく」（『ヒトラーのテーブル・トーク下巻』アドルフ・ヒトラー著・三交社）

また初期のナチスの経済政策責任者であった経済相のシャハトは、次のようなことを述べている。

「もし1万2千マルク以上の収入はすべて税金として取り上げられるということになれば、1万2千マルク以上儲ける者がいなくなるだけじゃなく、1万2千マルク儲けようという者もいなくなるだろう」

「誰でも、能力の大きいものは高い賃金を得るべきであるということを理解する。自分の労働努力で得たものは、公益を害しない程度で、自分やその家族のために使われるべきである。さもなければ我々は働くことをやめるだろう」

「或いはもし国家が我々に労働を強制するならば、我々は嫌々ながら機械的に、今日のロシアにおけるような、奴隷労働に従事するかも知れない。しかし、その結果、かかる労働は公益にとってなんらの成果ももたらさないだろう」（『防共ナチスの経済政策』H・シャハト著・刀江書院）

ただし、すべて無制限に私的な経済活動を許すというわけではなかった。ヒトラーは次のようなことも述べているからだ。


「戦争が終わっても経済のコントロールは政府の手に残しておかねばならない。もし経済が政府の手から離れるようなことになれば、またぞろ私企業は自分の利益のみを追い求めるようになるだろう」

「人間とは元来エゴイストだ。ゆえに政府による命令、統制なくしては、国家経済が能率的に機能するのは不可能なのだ」（『ヒトラーのテーブル・トーク下巻』アドルフ・ヒトラー著・三交社）

またナチスは、利子所得だけで生活しているようなものに対しては、高額の税金を課したり、公債の購入を義務づけるなど厳しい規制を敷いた。党の綱領でも、不労所得の撤廃ということが明示されている。これについては、シャハトの次のような意見が、ナチスの見解を代表するものといえるだろう。

「もしある人が若い時代に一生懸命働き、せっせと節約して老後にいたってその貯金によって静かに余生を送っているのなら、誰も非難するものはない。彼の周囲にいるものは常にいうだろう『この人はその財産を自分自身で稼ぎ貯めたのであるから、年をとった今日、それを享楽する権利がある』と」

「大衆にとって理解しがたいことは、現在働きもせず、過去に働いたわけでもないものが、投機によって収入を得ていることである」(『防共ナチスの経済政策』H・シャハト著・刀江書院)

第4章

天才財政家シャハトの錬金術

金融家シャハトの錬金術

ナチスの経済政策を語る上で、どうしても欠かせない人物がいる。

ヒャルマール・シャハトという財政家である。

ナチス初期の経済政策の成功は、このシャハトという財政家の力によるものが大きい。ナチス前半期の経済政策の多くはシャハトが発案、実行したものである。

アウトバーンをはじめとする多額の公共事業費を捻出し、インフレが起きないように巧みに通貨を調節し、ブロック経済で封鎖された世界経済に風穴を開けた新しい貿易システムを構築するなど、彼の功績を挙げれば枚挙にいとまがない。

だから本来なら、本書も「シャハトの経済政策」としなければならないところである。

しかしこのシャハトは、ナチス政権半ばで辞めてしまうのである。なので、本書の主人公とはしていない。準主役なのである。

シャハト（Image: c E.O. Hoppe/CORBIS）

痩身で鋭い眼光、厳格な教師を思わせる風貌、ヒトラーより12歳年長のこの人物は、なかなか気骨のある男でもあった。

彼はヒトラーから請われて、ナチス前半期の経済政策を一手に引き受けるのだが、しかし最後までナチスの党員にはならなかった。

ナチスのお目付け役的な存在であり、ヒトラーに苦言を呈することができた最後の人物ともいわれている。

本章では、このシャハトの業績を追いながら、ナチスが経済政策を打ち出していく様子を紹介していきたい。

レンテンマルクの奇跡とは

ホレイス・グリーリ・ヒャルマール・シャハトは、１８７７年に現在デンマーク領であるティングレフで生まれた。両親が以前アメリカに移住し市民権も得ていたので、アメリカに対して非常に親近感を持っていたという。

経済学の博士号を取得したのちドレスナー銀行に入社し、１９１６年にはドイツ国立銀行理事に就任した。

シャハトを一躍有名にしたのは、第一次世界大戦後のドイツのハイパーインフレを収束した「レンテンマルクの奇跡」である。

何度か触れたように、第一次世界大戦後のドイツでは、ベルサイユ条約の莫大な賠償金、フランス軍のルール占領などがあいまって、天文学的なインフレが生じていた。そのインフレを収束させるために、考え出されたのが「レンテンマルク」という通貨なのである。

レンテンマルクというのは、ドイツの土地によって保証されるという珍しいタイプの通貨だった。つまり土地を担保にして発行された通貨ということである。

これはフランス革命のときに通貨を安定させるために一時使われたことがあるが、今ではどこの国も使っていない方法だった。もしものときにはドイツの土地と交換される、ということなので、執行側としては危険極まりない方策でもある。しかしなにしろインフレがひどく社会が成り立たない。金の保有量が少ないため、金を担保にして通貨を発行することができないドイツにとっては、苦肉の策だった。

1923年11月、このレンテンマルクを市場に流す実行責任者にシャハトが選ばれた。シャハトは、通貨に関する一切の権利を自分に集中させることを条件に、この大役を引き受けた。

レンテンマルクは、1兆マルクと交換される。また対外的には1ドル＝4.2レンテンマルクで固定されていた。

またレンテンマルク導入時、あらゆる新規融資が禁止された。高い利率で外貨を借りて、ドイツ国内の不動産や商品を買い叩き、素早く売り抜けて儲けるという悪徳商法が横行していたからである。

そして同年11月25日、ついにレンテンマルクが市場に流通しはじめた。

すると嘘のようにインフレは収束し、ドイツ経済の混乱は終わった。

同じ年の12月、シャハトはドイツ帝国銀行総裁にも任命された。このとき、シャハトは、ドイツ金融の最高責任者になったのである。

レンテンマルク自体はシャハトの発案ではないが、シャハトが実行責任者だったために、レンテンマルクは「シャハトの魔術」というようにいわれるのだ。シャハトは子供までもが知る英雄となり、酒場では「レンテンマルクが急場を救った、我らが英雄シャハトがやってみせた」という唄までが流行《はや》ったという。

1920年代のミニ・バブル

シャハトは帝国銀行総裁になるとすぐに、アメリカと共同で「ゴールド・ディスカウント銀行」を作った。これはアメリカからのドイツへの投資を促すために作られたもので、アメリカの投資家と、ドイツの企業や自治体とを結びつける役割を果たすことになっていた。

ゴールド・ディスカウント銀行の顧問委員14名のうち7名がドイツ人、7名が外国人だった。

好景気を謳歌していたアメリカは、新たな投資先を探していたのだ。

投資相手としてドイツはうってつけだった。今は停滞しているとはいえ、第一次世界大戦前はドイツはアメリカに次ぐ工業国だったのだ。通貨が安定し社会も復興してくれば、間違いなく産業が発展するはずである。

やがてドイツの企業や自治体には、アメリカからの莫大な投資マネーが流れ込んできた。

それはドイツに束の間の繁栄をもたらした。ミニ・バブルの到来である。

しかし、当のシャハトはこれをあまり喜ばなかった。

シャハトは、ドイツの輸出産業を振興するために「ゴールド・ディスカウント銀行」を作ったのだ。

ドイツ産業が復興し、発展するための投資ならば大歓迎である。

しかしアメリカの投資は、それに限ったものではなかった。

にもかかわらず、ドイツは、輸出に関係のない産業やあらゆる分野で、アメリカからの投資を受け入れている。

そしてアメリカからの投資の過熱ぶりは異常でもあった。

第一次世界大戦でまったく被害を受けずに、フル回転で工場が稼働していたアメリカは、腐るほど金を溜め込んでいた。その行き場のない腐りかけた金が、前後見境もなくドイツを襲ったのである。

製造業のみならず、飲食業界、娯楽産業、地方自治体の公共事業まで、あらゆる分野に投資しようというのである。

しかも利息は決して安くはない。ひと癖もふた癖もあるウォール街の金融家たちが、ドイツ人たちをいいようにいいくるめて、多額の貸し付けを行なったのだ。

今、無分別に借りておけば、後で手痛いしっぺ返しを食うことになる。

「アメリカの経済が崩れれば、ドイツも巻き添えを食う。外国からの投資受け入れは必要最小限にするべきだ」

とシャハトは講演でしばしば訴えた。

そしてシャハトの恐れていたことが現実となった。

ヒトラーとの出会い

１９２９年10月、ウォール街の株式市場が大暴落し、世界は未曾有の大恐慌に突入する。アメリカの投資を無分別に受け入れていたドイツは、大打撃を被ることとなった。

企業は次々に倒産し、街には失業者が溢れた。極端な主張をする右翼や左翼の活動家が跋扈《ばっこ》しはじめた。

1930年秋、世界恐慌の騒乱の中、シャハトはドイツ帝国銀行総裁を辞めてしまった。ベルサイユ条約の賠償金問題で、連合国側と交渉がうまくいかなかったため、責任を取る形で。ただ実際のところは、連合国側の委員に癇癪《かんしゃく》を起こして席を蹴ってきてしまったというところだった。

この年、ナチスという妙な政党が総選挙で大躍進を遂げていた。シャハトは、この現象を解明すべく、ナチスの党首が書いた本『わが闘争』を読んだ。

そして深く感銘を受けたという。

シャハトは以前から政治に対して要求することは強かった。まったくの政治オンチではなかったのだ。

シャハトはドイツ民主党（DDP）の設立メンバーでもあった。行き過ぎた左翼と右翼に警戒感を持ち、穏健的で現実的な政党を望んでいたのだ。

ナチスというと極右政党のように思われるが、当時のドイツの政治地図から見れば決してそうではない。むしろ、右と左の主張を取り入れている穏健な政党といえたのだ。

ヒトラーのユダヤ人に対する考え方にもそう違和感は感じなかった。当時のヒトラーはまだユダヤ人を迫害する政策までは打ち出してはいなかったし、シャハトも「ドイツ人によって運営されるべきだ」と考えていたからだ。

シャハトはその著書『Aberechnung mit Hitler』のなかでこういうことを述べている。

「ドイツの宗教はキリスト教だ。キリスト教の国では、その国の文化が向かうべき方向がキリスト教徒でないものの手にゆだねられてはならない」

シャハトは、それからしばらくしてナチスの幹部ヘルマン・ゲーリングのパーティーに招かれた。

そこでヒトラーと出会う。

後年、シャハトはヒトラーと初めて会ったときのことをこう述べている。

「自分が正しいと信じて疑わない彼の態度、それに自分の考えを必ず実行に移すという彼の決意に私は圧倒された。まさに狂信者であり、生まれながらの活動家だった」

以降、ヒトラーとシャハトは急速に接近していった。

ヒトラーにとってもシャハトとの交流は、莫大なメリットがあった。なんといっても「レンテンマルクの奇跡」を起こした大財政家である。

それに、ナチスには経済の専門家がいない。シャハトがナチスに協力してくれるなら、これほど心強いことはない。

ドイツ国民の英雄シャハトが、ナチスについたことで、ナチスの株も急上昇した。ナチスは当時、都心部では急速に力をつけていたが、全国的に見れば、まだまだ「海のものとも山のものとも知れない集団」でしかなかったのだ。

しかしあのシャハトが後ろ盾になっているんだから間違いはあるまい、として支持者が急増したのである。

シャハトのほうはというと、ナチスを利用することで、ドイツの経済を立て直したいと考えていた。これまでの政権は不安定で優柔不断だったので、なかなかシャハトの思うとおりに経済政策をさせてくれなかった。

ナチスならば自分の思うとおりのことができる、と考えたのだ。

1931年、ナチス政権の可能性が高まったとき、アメリカのジャーナリスト、ドロシー・トンプソンがこういう質問をした。

「ナチス政権でもドイツ経済を操ることができるか」

シャハトは「当然だ」と答えた。

「ナチスに統治はできない。私がナチスを使って統治する」

と。

金がないのに国債を発行して大成功

ヒトラー政権が誕生して2ヵ月後の1933年3月、シャハトはドイツ帝国銀行総裁に返り咲いた。

彼がまず行なったことは、ヒトラーが発表したアウトバーンなどの公共事業費の費用を捻出することだった。

前述したように、シャハトはまず国の経済状態を的確に把握し、国債を発行できる額をはじき出した。

国債を過大に発行すれば、インフレが起きる。しかしまったく国債を発行せずに国がお金を使わなければ景気はよくならない。そこでシャハトはドイツの経済状態を見通して、インフレの恐れがなく発行できる国債の額をはじき出したのだ。

当時のドイツは、１９３１年に国内第２位のダナート銀行が破綻するなど、金融危機に陥っていた。外貨や金は底をつきかけていた。だから、国債を発行して通貨を増加させることは、非常に危険なことだったのだ。

しかしシャハトは、巧みな方法でこれを成功させる。

金ではなく、ドイツの持つ労働力を担保にして国債を発行したのである。これは労働手形と呼ばれるものである。

労働手形というのは、労働力を保持している事業者が、その労働力に応じて手形を発行する。その手形は、自治体などが受け取り銀行で割り引いてもらえることになっていた。その

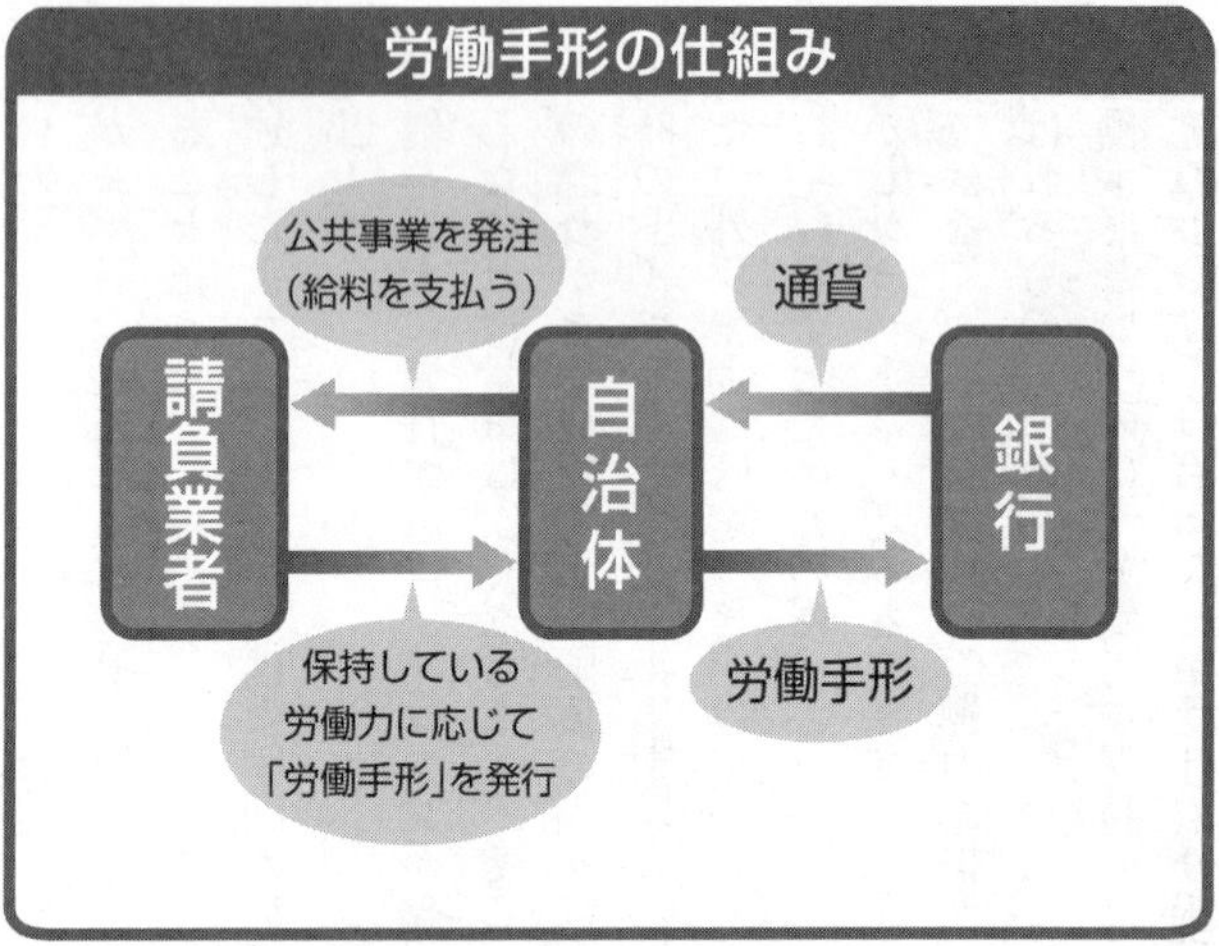

金を使って公共事業を行ない、事業者に還元するというものである。

労働手形は、最終的にドイツ帝国銀行が保証していたので、基本的には国債と同じである。が、ドイツが保持している労働力に応じて発行される仕組みになっているので、「裏付けのない国債」ではない。だから国民は、労働手形の発行にそれほど不安を感じず、インフレも起きなかったということだ。

ナチス・ドイツはこのほかにも租税債（この債券を持っていれば納税の代わりになる）や、納品債（商品を生産した量に応じて発行される手形）など多様な信用創造をして、経済を活性化させた。

シャハトはこの政策により、金の保有がなくても、安定した通貨を供給し、景気を回復できることを証明したのである。

シャハトの職人芸

このようにしてシャハトはドイツを金本位制から脱却させることに成功した。

1936年10月末　ドイツ・ライヒスバンクの金の保有量は6千900万マルクだった。通貨額は42億7千400万マルクだったので、金の保有比率は1.6%という少なさだ。

これは当時の常識では考えられないことだった。激しいインフレが起き、経済が滅茶苦茶になっていてもおかしくない状況だったのだ。

しかし、当時のドイツは、大したインフレも起きず、失業率は劇的に低下し、貿易も持ち直していたのだ。金本位制主体の世界事情から見れば、それは奇跡に近い状態だった。

シャハトに関して、こんなジョークがある。

アメリカの銀行家がシャハトにこういった。

「シャハト博士、あなたはアメリカにくるべきだ。ここにはたくさんの金がある。真の銀行業ができますよ」

シャハトはこういい返した。

「いや、あなたこそベルリンにくるべきだ。ここには金がまったくない。これこそ真の銀行業だ」

このジョークはおそらく、アメリカ系のジャーナリストがシャハトを皮肉ったものだろう。しかしその意に反して、このジョークはシャハトの能力を際立たせるものとなっている。

シャハトは確かに、金もないのに通貨もどきをいくつも作り、ドイツ経済を活性化してきた。

これがもし深刻なインフレをもたらしたならば、シャハトは非難されるべきだが、シャハトの在任中は気に留めなくてはならないほどのインフレは起きていないのである。

なぜならばシャハトはただ信用創造を増やしただけでなく、金融の引き締めにも気を配っていたからだ。

たとえば、軍事債であるメフォ社債（詳しくはP191）は、1938年までに償還されるようにヒトラーにしつこく迫った。ヒトラーも根負けして、メフォ社債の償還に同意している。

インフレを起こさずに、経済を活性化させ失業もなくしたということは、シャハトがやみくもに通貨もどきを作っていたのではなく、ドイツの経済状況を見極めながら、どの程度、信用創造をするべきかを調節していたのである。

この職人芸こそがシャハトの真骨頂であり、ドイツを救ったものといえるのだ。

ただシャハトは、金本位制から完全に脱却することを目指していたわけではない。やはり、もっとも通貨を安定させることができるのは、金に裏打ちされた通貨だと思っていた。他国との貿易でも、最終的にモノをいうのは金だったからだ。

なのでシャハトは、ドイツの状態は「緊急事態」であり、仮の状態だと考えていた。経済が持ち直したらいずれ金本位制に戻そうと思っていたのだ。

そのために後年、ヒトラーと鋭く対立することになる（詳しくはＰ１９８）。

「このままではドイツは倒産する」と債権者を脅す

シャハトは、次に外国からの借金の減額に取り掛かった。

これまで何度か触れたように、ドイツはベルサイユ条約により多額の賠償金を背負わされていた。また世界恐慌以前にアメリカなどから大量の投資を受けていた。そのため対外債務が莫大な額に上っていたのだ。

この対外債務をなんとかしなければ、ドイツ経済はどうにもならない。

ナチス政権発足直後の１９３３年5月、シャハトはワシントンを訪問した。6月にロンドンで開かれる60ヵ国による経済会議の下準備のためである。

ここでシャハトは、新任のルーズベルト大統領に「アメリカへの利子の支払いを停止しなければならない」と切り出した。意外なことにルーズベルトは膝を叩いて「ウォール街の銀行家どもめ、ざまあみろだ」と喜んだという。先の大統領選で、ウォール街はルーズベルトを支持していなかったからだ。当時の大統領の金融知識は乏しいもので、ドイツが利子の支払いをしないことがアメリカにとってどんなに大きなことかわからなかったのである。

しかし後で事の重大さを知らされたルーズベルトは、翌日、シャハトに憤慨を表明する文書を送ってきた。シャハトは「憤慨するのに24時間かかった」と大統領を皮肉った。

またシャハトは、このワシントン訪問時に、ドイツに債権を持っている国の代表を集めて「債権者集会」を開いた。

そこでシャハトは、「このまま借金を取り立てれば、ドイツは破産する。ドイツが破産すれば、あなたがたの債権はすべて紙くずになる」と脅しつけた。

しかしこれは満更ハッタリではなかった。

当時、各国はブロック経済化に進もうとしており、世界貿易は非常に収縮していた。工業製品を他国に輸出することが、ドイツの唯一の利得手段だったので、これは死活問題だったのである。

シャハトはいい放った。

「世界恐慌のため諸国が高い輸入関税を設定し、通貨切り下げを行なったために、ドイツの貿易は不振となり、帝国銀行は外貨不足に陥っている。だからドイツは、外国債務の利子支払いを一時停止しなくてはならないかもしれない」

と。

債権者たちはもちろん憤慨した。が、シャハトのいうことにも一理あったし、なによりドイツがつぶれてしまえば、本当に債権はパーになる。そのため、結局、「支払い利子の一部を一時的に停止する」という合意が交わされた。

また1934年4月には、ベルリンで「トランスファー会議」が開かれた。これもドイツが外国から借りた金の返済方法を決めるためのものだ。

シャハトはここでもまた「このままでは7月1日にはドイツは破産する」と宣言した。そして、もちろんお決まりの「利子の引き下げ」や「債務の減額」を訴えた。

また、こういうこともいった。

「ドイツの輸出品をもっと受け入れてくれる国や、借金を割り引く国は特別待遇をする」

と。商品を買ってくれたり、借金を減額してくれる国には、ちゃんと借金を払いますよ、ということである。これを見ると金の貸し借りというのは、開き直ってしまえば、借りた側のほうが強くなれるということがわかる。

そして、イギリスとフランスは初めから特別扱いするなどをして、債権国同士が結束しないようにした。まさに辣腕の交渉人なのである。

6月14日には世界各紙に、ドイツが外国債務の支払いをすべて停止するという記事が載った。

イギリスは、7月1日にドイツの債務支払いの一時停止を認め、残額の返済は3%の金利で10年分割払いにするという提案をしてきた。最大の債権国だったアメリカは、抗議を繰り返したが、結局イギリスと同じような条件を受け入れた。

またシャハトは、アメリカに利子の減額もさせている。

世界恐慌前、アメリカからドイツの州、市当局へ巨額な融資がされたが、これは典型的なウォール街ビジネスだった。ドイツの自治体はアメリカの金融業者に法外な利息を払わされていたのだ。

シャハトはその高い利息を3.5%に引き下げさせる協定を結んだ。これでドイツ全体で6千万マルクも利子の支払いが減った。

シャハトは1934年8月、スイスのバーゼルで行なった演説で、「ドイツの債権者はドイツに投資をしていると思わなくてはならない。つまりドイツの経済状況をともに改善していくつもりがないとならない」と発言している。

これは聞き方によっては、非常に自分勝手ないい分にも見える。

開き直って「俺の生活が立ち直らないと、借金は払えない」といっているようなものである。が、債権者も確かに「すべてを失うよりはマシ」と最後には納得させられたわけである。

こういう具合に、シャハトはドイツの対外債務をかなり値切ったのである。シャハトには、財政家として硬軟両方の才があったのだ。

英仏米に貿易拡大を呼びかける

当時のドイツ経済が窮地に陥ったのは、輸出が振るわなくなったためでもある。

世界恐慌の後、ヨーロッパ各国は自国の産業を守るために、相次いで関税の引き上げを行なった。

1931年8月フランスが輸入割当制を実施し、輸入を制限しはじめた。9月にはポーランドが関税を100％引き上げ、続いてイタリアも関税を15％引き上げた。これにたちまちヨーロッパの10ヵ国あまりが追随した。

自由貿易を謳い文句としてきたオランダでさえ、25％の関税引き上げを行なった。イギリスはドイツ製品をターゲットに50％の従価税をかけた。

ドイツの輸出の8割は、これらの国々で占められていたので、ドイツはたちまち窮地に陥ったのだ。

それが失業者を560万人も出した要因のひとつでもあるのだ。

シャハトは、ナチスの経済相になって以来、ことあるごとに各国にドイツの窮状を訴え、ドイツ製品を購入してくれるように呼びかけた。諸外国はナチスのいうことは聞かなくても、シャハトのいうことなら耳を傾ける。外国にとって国際的にも著名なシャハト博士は、ナチスとは別格扱いだったのである。シャハトもそれを十分承知して、ナチスの広告塔、宣伝係の役を担ったのである。

「われわれの要求するところは、諸外国がわれわれの商品を十分に買ってくれることである。われわれは獲得した外国為替を退蔵するわけではなく、外国の商品を輸入するために使用するのであり、それは国際貿易の助長のためになるのだ」

シャハトは、ドイツ製品を買ってくれれば、あなたの国の原料や農産物も買いますよ、それでお互い潤うでしょう、と訴えたわけだ。

またドイツに対して警戒を強め、高い関税障壁を設けた英仏に対しては、次のようなことをいった。

「イギリスやフランスは、ドイツが経済的強大国になることを恐れている。確かにドイツは競争者でもあるが、しかしそれと同時に顧客であることを忘れてはならない」

ドイツの人口は7千万人、ヨーロッパ最大の市場なんですよ、購買力も大きいですよ、お互い持ちつ持たれつでやろうじゃないですか、というわけである。

しかしシャハトの呼びかけもむなしく、欧米諸国は一気にブロック経済化に傾いていった。植民地を持っている彼らは、国際貿易に固執する必要はなかったのだ。シャハトはやむを得ず、欧米以外の国々との貿易を模索することになるのだ。

もしこのときに欧米諸国がシャハトの呼びかけに応えていれば、第二次世界大戦は起きなかったかもしれない。

輸入代金をドイツの商品券で払う「新貿易システム」

1933年6月9日、「ニュープラン」と呼ばれる、ナチス・ドイツの新しい貿易清算システムが始まった。

ドイツが負っている対外債務は、民間企業のもの公的機関のものを問わず、すべてドイツ帝国銀行が一元管理することになった。外国企業に対して債務のあるものは、相手に直接返済するのではなく、ドイツ帝国銀行に返済するのだ。

ドイツ帝国銀行は預かった返済金をそのまま外国の債権者に払うのではなく、利子を半分割り引いた上、元本の50％を現金で払い、残りは特別マルクで支払われることになっていた。

特別マルクというのは、いわばドイツの商品券のようなもので、ドイツ旅行に使える「旅行マルク」、ドイツへの投資やドイツ商品の購入ができる「レジスター・マルク」、ドイツ国内の人や党の支援に使われる「アスキ・マルク」などがあった。

ニュープランというと聞こえはいいが、要は「ドイツは輸入代金を外貨で払うことができないので、特別マルクで払います」ということなのである。

この政策には、とにかく金や外貨を減らしたくないというシャハトの意向がありありと見える。輸入代金や借金の利子をドイツの商品券で払うなんて、ルール違反も甚だしいことである。でも、当時のドイツはそれをやらなければ、破綻寸前のところまでいっていたのだ。

また同年12月30日には、「翌年からは、現金払いは元本の50％ではなく、30％にする」と発表した。

もちろん外国からは抗議の声が上がった。

各国はドイツに輸出しても、「ドイツの商品券」がもらえるだけである。

相手国としても黙っているわけにはいかない。当然、ドイツに対して同様のことをするようになった。

1934年8月にはスイスが、ドイツからの輸入代金は、業者間で直接清算するのではなく、スイスの中央銀行に支払うようにした。スイス中央銀行は、ドイツ貿易の債権だけでなく、ドイツに関する債権すべてを集中管理し、ドイツへの債務と相殺した残額のみをドイツに支払うようにしたのだ。

その後も続々と同様の処置を講ずる国が出てきた。まあ、これはお互い様なので仕方がない。ニュープランを採用してから、しばらくはドイツの貿易はかなり減っている。それでも金や外貨がないのだから、仕方のないことだった。

しかし、このシャハトのニュープランは、悪いことばかりではなかった。

輸入代金がドイツの商品券で支払われるのだから、相手国としてはどうしてもその商品券分はドイツ製品を買おう、ということになる。そのため、ドイツの輸出が引き上げられることになったのだ。

やがてドイツと同じように対外債務で苦しんでいるもの同士がこのニュープランを使った、「清算同盟」を形成するようになる（詳しくはＰ１８７）。

輸入の制限と輸出の振興

ヒトラー政権2年目、ドイツの輸出は縮小した。

シャハトの「清算システム」により輸入国から不満の声が上がったこと、ナチスのユダヤ人排斥運動に反対して、各国がボイコットをしたことなどによる。

ドイツ経済は、アウトバーンなどの公共投資で、国内景気は上向いている。しかし、ドイツ経済のカナメである輸出が不振になれば、やがて行き詰まる。また輸出が不振になれば、外貨が減り輸入ができなくなる。

そのためシャハトは極端な輸入制限、輸出振興に乗り出す。

1934年9月には、ドイツ企業はシャハトの許可を受けなければ、輸入ができないことになった。

「不要不急のものは輸入させない」

という方針を徹底させるためである。

また外国債務を直接清算したものは「母国の経済活力を奪う大逆罪」という警告を出した。

1935年には、新たな輸出振興策を打ち出した。

10億マルクで輸出振興基金を設立し、輸出関係の事業者に補助金を与える、というものである。10億マルクの資金は、産業界から7億マルク、銀行業界から3億マルクを寄付という形で徴収した。

ドイツ産業の全精力を傾けて、ドイツ商品の世界市場への進出を図り、再軍備その他の必要な原料輸入の資金確保に乗り出そうというわけである。

ドイツの輸出業者たちは、この「ダンピング」政策により国際競争力をつけ、輸出が急増した。

たとえばエジプトは宗主国のイギリスを差し置いて、ドイツの製品を輸入することが多くなった。ドイツ製品は助成金を受けているので安い。しかも例のニュープランにより、ドイツは物々交換で綿花を買ってくれるからだ。

「われわれは輸入を従前の水準に抑制しつつ輸出の増大に成功した」

シャハトはこういって、自分の政策を自画自賛した。

「物々交換」で広がるドイツ貿易圏

ドイツの新しい貿易システム「ニュープラン」は、反発する国ばかりではなかった。この貿易システムに積極的に参加する国も出てきたのだ。

というのは、ドイツと同じように、世界恐慌で外貨が枯渇し、貿易に支障をきたしている国はたくさんあったのだ。

それらの国々にとって、実質的に「物々交換」となっていたドイツの貿易システムはありがたいものでもあった。

東欧諸国や中南米諸国は、世界大恐慌で農作物の価格が暴落し、莫大な余剰農産物を抱えて苦しんでいた。

しかし彼らは莫大な対外債務を抱え、金融不安に陥っていたので、ドイツと同じように自由為替での貿易は難しかった。そこで「物々交換」の形で貿易をする協定を結んだのである。

彼らにとって、人口7千万人のドイツの市場は魅力的なものであり、貿易はすぐに拡大し、東欧では「ドイツ広域貿易圏」のようなものができた。

ドイツにとっても彼らから提供される原材料、食料は必要なものだった。ブルガリア、ルーマニアの大豆、ハンガリー、ユーゴスラビアのボーキサイトとマグネシウム、ルーマニアの石油は、ドイツにとって必要不可欠なものだった。

またアメリカからの輸入が途絶えたので、それに代わって中南米からゴムや食料などの輸入を増やすようになった。

こうしてドイツの「物々交換経済圏」は広がりを見せ、イギリス、アメリカ、フランスなどが作っていたブロック経済圏と肩を並べるほどになった。

シャハトのニュープランは、ブロック経済で閉塞していた世界経済に風穴を開けることができたのだ。

各国の金融危機に乗じてドイツの借金を半分にする

1933年から36年までの間に、欧米諸国は、ドル、ポンド、フランをはじめ軒並み自国通貨の切り下げを行なっている。

マルクも当然引き下げられるだろう、と国際経済筋は見ていた。マルクだけが高ければ輸出に差し支えがあるからだ。

しかしシャハトはマルクの切り下げは頑として行なわなかった。

あれほど輸出を奨励し、外貨獲得に命を燃やしていたシャハトにもかかわらず、である。

シャハトは、外貨獲得よりも外債の支払いを優先的に考えていた。

ベルサイユ条約の賠償金や、大恐慌前に受け入れた外国投資は、今、ドイツ経済を苦しめている。

これらの外債を支払うには、強いマルクのほうが有利である。なので、どれだけ輸出業者から要請があろうと、シャハトはマルクの切り下げには頑として応じなかったのである。

もちろん、シャハトとしてもマルクを切り下げたいのはやまやまだった。輸出はドイツの生命線である。これが不振になれば、せっかく上向いたドイツ経済がまた下降するかもしれない。

しかし、シャハトはそこをぐっとこらえて、強いマルクを維持したのである。

レンテンマルク創設当初は1ドル=4.2マルクだった。が、1ドル=3.4マルクになり、1ドル=2.46マルクにまでマルク高となった。

実際のマルクの価値はその半分くらいしかなかったのだが、公定レートは高いまま据え置かれた。そのため、ドイツの抱えていた外債は半分程度になった。この職人芸たるや感嘆するしかない。

またドイツ帝国銀行は、例のニュープランでドイツの輸入業者に対しては、マルク高になっても以前のレートでの支払いを求めた。そのため、マルク高になった分だけ、ドイツ帝国銀行の利ざやとなった。

この利ざやが、公共事業費や軍事費に充てられたのである。

またシャハトは、「ドイツは破綻する」などとさんざん触れ回ったために、ドイツの賠償金支払いのための外国向け債券が急落し、ほぼ半額になった。

それを見たシャハトは、この債権を至急償還するように命じた。それやこれやで、ドイツの抱えていた外債は半額以下になったのである。

「あなどられない程度の軍備は必要だ」

シャハトは、ナチスの再軍備にも手を貸した。

この点についてシャハトは、ニュルンベルク軍事法廷でも、まったく隠しだてしていない。

「相手にあなどられない軍事力を持っていない限り、まともな貿易はできない」

とシャハトは考えていたのだ。

1923年、ベルサイユ条約の賠償金不履行問題で、ドイツはフランスにルール地域を占領されてしまっている。このことがシャハトの脳裏にこびりついていたのだろう。

それにしても世界恐慌で破綻寸前に陥っていたドイツの国家財政のなかで、シャハトはどうやって軍事費を捻出したのか？

ここにもシャハトらしい工夫が凝らされている。

シャハトは再軍備に際し、メフォと呼ばれる幽霊会社を作った。

メフォは利率４％で5年満期の社債を発行し、ドイツの主要軍事メーカー、クルップなど4社に分配した。このメフォ社債は、いつでも償還できるようになっており、ドイツ帝国銀行が保証していた。

このメフォ社債を使って、軍事メーカーたちは武器の製造に取り掛かった。

軍事メーカーが下請けに発注した仕事は、メフォ社債で支払われる。下請け業者は、メフォ社債を償還して現金化することもできる。

でも手元に持っていれば、年利４％の利子が受け取れる。ドイツ帝国銀行が保証している安心感もあり、すぐに償還せずに持っておくものも多かった。

その代わり、いざというときに取っておいた手持ちの資金を使うようになったのだ。

そのため経済は活気づき、政府は現金をあまり使うことなく、軍備を整えることができたのだ。

シャハトは、メフォ社債のことを「産業の活性化と失業の撲滅を実現する創意に富む方法」と自画自賛した。

メフォ社債は、債券市場でも取引されるようになり、利率4%、しかもドイツ帝国銀行の保証とあって、価値もみるまに上昇した。ドイツ帝国銀行自身が、市場でメフォ社債を購入し、保有資産に組み入れるほどだった。

メフォ社債は、ネタをばらせばただの国債である。メフォというのは国が作っている会社だし、ドイツ帝国銀行が保証しているのだから、国が国債を発行してドイツ帝国銀行が保証したのと同じことである。

しかしメフォという会社を噛ませることによって、国債を発行したということを国民に悟らせないようにしたのである。国債発行に関して、国民はまだハイパーインフレの辛い記憶が残っている。政府がまた大量の国債を発行したとなれば、国民はパニックを起こす恐れもある。

そのためにメフォ債などという形を取ったのだ。

いわば国債の「マネーロンダリング」である。

メフォには210億マルクが用意されていたという説もある。メフォの資金の一部には、例の「ニュープラン」での利ざやが流用されている。

このためナチス・ドイツはインフレになることなく、軍費を調達することができた。

１９３５年3月9日、ヒトラーは36師団の再軍備と、空軍の設立を宣言した。もっとも反発をするはずのフランスは、なぜかほとんど反応しなかった。もうドイツは、ルール占領のときのような無防備ではなかったからだろう。

ここに「あなどられない程度の軍備」は成し遂げられたのだ。

シャハトの経済理念は「理念がないのが理念」

数々の画期的な経済政策で、見事ドイツを復興させたシャハトだが、彼は一体どんな経済理念を持っていたのだろうか？

彼の経済理念は、一言で語るならば「理念がないのが理念」というところである。

たとえば、１９３５年3月のライプチヒの演説で、シャハトはこういうことをいっている。

「経済政策は科学ではない、ひとつの技術である。だから確固不動の経済方策や不変の経済法則について云々するのは誤りである。経済政策家は不可能に見えるものも可能にすることができねばならない」

この言葉は、まさにシャハトの経済理念を端的に表しているものといえる。

ワイマール時代のドイツ政府は、その崇高な理念とは裏腹に、現実的にはほとんど有効な政策を打ち出せなかった。

シャハトによるとワイマール時代の政治は、

「各党が党の教義をなによりも重視し、経済の根本原則を無視した。その結果、公共的費用の増大を招き、すなわち自由主義よりもはるかに高くつく『浪費経済』になってしまった」

ということである。

シャハトは、特定の経済思想を信奉するのではなく、経済の動きを見つつ、失業者が増えないように、景気が悪くならないように、適切な手を打っていく。その手法は、あるときは、社会主義的であり、あるときは資本主義的であり、あるときは伝統的な商習慣を重んじたものであったりする。

実際に、シャハトは玉虫色のような政策を採ってきた。

たとえば、こういうことがある。

ヒトラー政権は発足当初、電力会社や製鉄業、運輸業などの巨大企業のいくつかを国有化する方針を打ち出した。

しかし、実際にやってみて能率が悪く、国有化のメリットはない。そうとみるや、すぐに手放し民間に任せたりしている。

「経済とは理念ではなく、現実である」

というのが、シャハトの経済思想だったのだ。

「国際経済に一人勝ちはあり得ない」とシャハトはいった

シャハトは、貿易に関して特有の理論を持っていた。

輸出した分だけ輸入しないと国際貿易は成り立たない、というのである。

シャハトは著書の中で次のように述べている。

「ひとつの国が、長い時間、輸出ばかりを続けることができると思うのは間違いである。他国の商品を買い、自国と同じ程度に発展させなければ、自国だけ経済的発展を持続することは不可能である。国際収支が一時的に出超あるいは入超を示している場合、それは国際信用というトリックが事態を隠蔽し、これを一時的に引き延ばしているに過ぎない」（『防共ナチスの経済政策』H・シャハト著・刀江書院）

つまりは貿易というのは、本来は「物々交換」もしくは「同価値の交換」でなくてはならない、ということである。

この理論は、ナチスの物々交換政策と合致しているものでもあり、アメリカの経済政策を批判しているものである。

実は、当時のアメリカの経済政策というのは、シャハトに限らず、英仏その他の国々からも非難されていた。

それは次のような理由だ。

第一次世界大戦前、アメリカはイギリスに多額の借金を抱える債務国だった。しかし第一次世界大戦後、アメリカは債務国から一転して、世界一の債権国となった。これはもちろんヨーロッパで使われた膨大な兵器の生産を請け負い、軍需物資を売りつけたからである。

また戦争で疲弊したヨーロッパ経済は、そう簡単には立ち直ることはできず、世界経済においてアメリカの一人勝ち状態が続いていた。金本位制度のもと、大量の金がアメリカに流れ込み、ヨーロッパからは激しく流出していった。

この流入した金をアメリカが溜め込んだためにバブルが起き、やがてそれが崩壊し、世界恐慌になったということである。

当時から、アメリカは金を溜め込むばかりではなく、世界各国に援助をしたり、投資をしたりすることで還元せよ、という声は上がっていたのだ。

世界恐慌以前から苦しんでいたドイツとしては、さらに声を大にしてアメリカに訴えたかったことだろう。

シャハトはこの考え方を、戦後もことあるごとに訴えた。

1956年、エッセンの青年経営者協会で行なった戦後初めての演説のなかで、こういう発言がある。

「今日、ドイツは年間２００億マルク以上の商品を外国に売っております。これらの商品を作るための費用はマルクで払われています。しかし輸出して得た代金は外貨で受け取ります。そこで輸出業者はドイツ連邦銀行に行って、外貨をマルクと交換します。そのため連邦銀行は、外貨を受け取れば受け取るほど、マルクを発行することになります」

「もしドイツがこのまま輸入を増やさずに、輸出ばかりをしていれば、流通するマルクばかりが増えて、モノは増えないことになります。すると、物価は高騰することになります」

貿易黒字というと、国の栄えている数値のように思われがちである。日本などは特にこの数値を誇りにして、今までやってきた感がある。

しかしシャハトのいうとおり確かに貿易というのは、売った分は買わないと、損である。自分の国から物が出て行っているのに、入ってくるのは金だけである。その金は、国外で使わない限りは、国内の物価を上げる役目しか果たさない。

日本が世界中で物を売りまくっているのに、大して豊かな生活ができないのは、ひとつはここに理由があるのかもしれない。

シャハトの失墜

このように、シャハトはドイツ経済を復興させた最大の功労者である。しかし、ヒトラーやナチス幹部たちは、次第にシャハトを疎ましく思うようになっていった。

というのも、シャハトは口うるさい金庫番だったからだ。ヒトラーやナチスの幹部が、金を使いたくても、シャハトがウンといわなければ使えないのである。特に輸入や軍備に関してシャハトはうるさかった。あなどれない程度の軍備は必要だが、それ以上の軍費を出そうとはしなかった。

たとえば、ゲーリングは、ニュルンベルク裁判で次のようなことを語っている。

「1934年、ヒトラー総統と政府首脳が会合をしたときに、今後、軍事費が推定で300億マルク必要だという話になった。シャハト経済相はまだきていなかったので、ヒトラー総統はこのことはシャハトにいってはならない。300億マルクなんて聞いたら彼は椅子から転げ落ちるだろう。当面の必要額だけ伝えようといった」

ナチス幹部にとって、シャハトは煙たい存在でもあったのだ。

また輸入を少しでも減らし、輸出を少しでも増やしたいシャハトは、軍用の原料を特別扱いしたり、農家を保護するために高い関税をかけたりするナチスの幹部らと鋭く対立していた。

そのため1936年春、原料輸入と外国為替に関する全権がゲーリングに渡された。輸入と為替こそが、シャハトがもっともうるさい分野だったからだ。しかし、シャハトにとってはこれをナチス幹部の自由にされては、せっかくの今までの努力が水の泡になってしまう。シャハトはこれに抗議して、経済相の辞表を提出した。

しかしそれは、ヒトラーに突き返された。全権委任法のもとでは、ヒトラーの命令は絶対であり、職を辞することもヒトラーの許しがなくてはならなかったのだ。

権力の大半を奪われたシャハトは、それでもドイツのために精力的に働いた。

シャハトのできることは、自分の国際的な名声を使って、各国にドイツ商品を売り込むことだった。

この年の7月にはギリシャに行き、独裁者イオアニス・メタクサス将軍から1千350万ドルの兵器の受注に成功した。8月には兵器会社クルップの代理人を連れて、ブルガリア、トルコに行き、兵器と穀物などの物々交換の協定を結んだ。

このシャハトの努力にもかかわらず、ヒトラーはシャハトをますます遠ざけるようになった。

1936年9月、ニュルンベルクで行なわれたナチスの党大会で、第二次の経済4ヵ年計画が発表された。

この計画に際し、シャハトはなんの相談も受けなかった。

貿易に頼らず、自給自足の経済を目指す、というこの計画は、シャハトの考えとは相いれないものだった。シャハトがうるさく口を出す前に、素早く決めてしまえ、というのが見え見えだった。

今後は、ナチスの経済政策全般においてゲーリングが指揮を執るという。シャハトはナチスの経済指導者の地位を完全に奪われたのである。

このときもシャハトは、当然、経済相の辞任を申し出た。しかしヒトラーは許可しなかった。口うるさいシャハトは遠ざけたいが、かといってこの国際的に名高い財政家を手放す勇気もなかったのだ。

「ゲーリングと協力してやってくれ」

それがヒトラーの回答だった。

経済には門外漢のゲーリングと、金融職人シャハトがうまくやっていけるはずはなく、2人は衝突を繰り返した。

1937年11月にようやくヒトラーは、シャハトの経済相辞任を許した。それでも、ヒトラーは、シャハトを無任所大臣に任命した。ドイツ帝国銀行総裁の地位も、そのままだった。

1938年3月には、シャハトのドイツ帝国銀行総裁の任期が切れたが、ヒトラーはさらに4年の更新を命じた。このときラインラントへの進駐、オーストリア併合を無血で成功させ、ヒトラーの絶頂期でもあった。ヒトラーは、それでもまだシャハトの力を必要としていたのである。

シャハトは留任の条件として、「メフォ債の1938年までの償還」を持ち出した。ヒトラーはしぶしぶながらこれを認めた。

しかし次々に軍費を拡大浪費していくナチスに対して、シャハトは我慢の限界に達した。1939年初頭、シャハトはドイツ帝国銀行役員8名との連名で、ヒトラーに要望書を提出した。

「このまま野放しで歳出を増やしていけば、そのうち破壊的なインフレが起きるので、歯止めをかけてほしい」

というものだった。

ヒトラーは、シャハトの具申に激怒し、ついにシャハトを罷免した。

ここでシャハトのナチスでの活動はすべて停止した。

まだ無任所大臣の名義はあったが、これは有名無実のポストだった。

しかし、このタイミングですべての重要ポストを投げ出したことが、彼の命運に大きく作用した。

シャハトのいなくなったヒトラー政権は坂道を転がり落ちるように、軍拡、侵攻路線を突っ走っていく。もうだれにも止めることができなかった。

それでもシャハトは、ドイツのために働くことをやめなかった。1942年には、ゲーリングに、「短期決戦のチャンスは潰えたのだから和平交渉を急ぐように」という手紙を送ったのだ。

この手紙を理由に無任所大臣も罷免された。

1944年には、ヒトラー暗殺グループに関与していたとしてゲシュタポに逮捕されている。

そして軟禁状態のまま終戦を迎えるのだ。

シャハトは、ナチス・ドイツの財政を支えた男であり、ナチスの軍事力は彼によって作られたようなものである。

もし彼が最後までナチスの中枢にいれば、重要な仕事からは遠ざけられていたとしても、戦後、死刑は免れなかっただろう。

彼は絶妙のタイミングでナチスから抜け出したということだ。まさに「金融の天才」の面目躍如というところである。

戦後シャハトは、連合国から戦争犯罪人として起訴される。ニュルンベルク裁判では無罪となったが、その後の非ナチ化裁判で労働奉仕8年の刑を受け、１９４8年9月まで服役した。釈放後はデュッセルドルフ銀行に入り、インドネシア・エジプトなど発展途上国の経済・財政に関するアドバイザーとなった。

コラム2　幻になった日本のツェッペリン導入計画

２００８年12月1日、朝日新聞夕刊の大阪版に興味深い記事が掲載された。

「大阪にツェッペリンいっぱい飛ばそう」

と題されたその記事は、堺市が大阪湾の埋め立て地周辺に、飛行船の離着陸場を作る計画を進めているという内容のものだった。飛行船は災害時の調査や、遊覧飛行に使われるという。

なぜ「飛行船」なのかというと、ヘリコプターよりは騒音が小さいので、災害時でもあまり邪魔にならないこと、船室が広いので打ち合わせなどをしやすいこと、などが挙げられている。

そしてツェッペリンというのは、飛行船の名前である。

ツェッペリンというと、現代ではロックバンドのほうが有名だが、もともとは戦前に作られていたドイツの飛行船の名前なのである。つまりこの記事は、昔、作られていた飛行船が大阪にも導入されることになった、という話なのである。

このツェッペリン号という飛行船、戦前の日本でも導入を計画されていたことがある。

ツェッペリン号は、実は戦前、一世を風靡《ふうび》したことがあった。

昭和4（1929）年に、世界一周飛行を行なったのだ。その飛行の途中で、日本に立ち寄り、日本中に大フィーバーをもたらしていたのだ。着陸する霞ヶ浦海軍飛行場には10万人の観客が押し寄せた。

当時、飛行機がようやく開発され始めたころであり、飛行船は最先端の乗り物だったのだ。飛行船というと、現代人の感覚から見れば「のんびりとした遊覧飛行」というイメージがあるが、ツェッペリン号は、当時の交通機関のなかでは最速の乗り物でもあった。ツェッペリン号にはプロペラがついていて、乗客十数名を乗せて平均時速110キロで航行することができた。山あり谷ありカーブありの鉄道と違って、飛行船は直線距離で飛行できる。ツェッペリン号はベルリンから東京までわずか100時間しかかかっていないのだ。当時、もっとも早いルートであるシベリア鉄道を使っても2週間かかるのに、である。

ツェッペリン号は、昭和4（1929）年8月8日、ドイツを出発しシベリア、日本を経由して太平洋を渡り、アメリカを横断し大西洋を越えてドイツに戻ってきた。飛行時間300時間20分、航行距離3万4千200キロの世界一周を成し遂げたのだ。

日本とナチス・ドイツは、第二次世界大戦前には防共協定を結んだくらいなので、良好な関係を持っていたが、貿易となると地理的に遠いこともあってそれほど活発ではなかった。

日本にはドイツが欲しがるような資源はなかったし、日本の国民の所得はまだまだ低かったので、ライカのカメラやジーメンスの電機製品などを買うことはできなかったのだ。

しかし、日本が満州事変を起こし、満州を事実上押さえてからは事情が違ってきた。ドイツは満州の大豆を欲していた。満州は当時、大豆の一大供給地だったが、農業用の油粕を求めていたドイツにとって、満州の安価な大豆は魅力的だったのだ。

本文でも述べたように、ナチス・ドイツは物々交換で貿易を行なっていた。だから満州の大豆を輸入するならば、日本にドイツの製品を何か提供しなくてはならない。そこで目をつけたのがツェッペリンという飛行船である。

当時、飛行船を旅客用として実用化している国はあまりなかった。ドイツは、飛行船の実用化において、もっとも進んでいる国だった。ドイツ〜アメリカ間、ドイツ〜南米間ではすでに定期航路が開設されていたのだ。

そこで、日本でも飛行船を買って、日本〜アメリカ間の定期便などを作らないか、と持ちかけてきた。

ドイツ側の提案を受け、日本も飛行船購入に乗り気になった。「太平洋航空会社」という航空会社が作られ、千葉県茂原町に専用の飛行場が建設されることも計画されていた。

しかし昭和12（1937）年5月、アメリカ・ニュージャージーのレイクハースト海軍飛行場上空で、ツェッペリン型飛行船のヒンデンブルク号が爆発、炎上し、乗員、乗客97名中35名と地上作業員1名が死亡した。この事故により、安全性が疑問視され、日本のツェッペリン号購入計画も流れた。

ツェッペリン号は、第二次世界大戦とともに姿を消したが、1993年にドイツで復活した。2004年には株式会社日本飛行船が購入し、日本でも航行を続けている。そして冒頭に述べたように、現在、大阪でも誘致計画が進んでいるのだ。

第5章

ヒトラーの誤算

経済面から見たユダヤ人問題

ナチスというと「ユダヤ人迫害」というものが、イメージとして定着している。

「ナチスはなぜユダヤ人を迫害したのか?」

「ユダヤ人はなぜ迫害されるのか?」

この問題、日本人にはなかなかわかりにくいものでもある。

ユダヤ人問題は宗教上の問題とされる。しかしまったく純粋な宗教問題というわけではない。その根底には経済上の要因も多分に含まれているのだ。

そもそもユダヤ人の迫害は、ナチスが始めたものではない。聖書の時代からずっと続いていることである。

ユダヤ人が迫害される原因のひとつに「金融業」がある。

ユダヤ人は、昔から金貸しが多かった。

中世、キリスト教では金貸しは禁止されていたので、金を借りようと思えばユダヤ人の金貸しを利用するしかない。そして、キリスト教の民衆はユダヤ人金融の高い利子に苦しめられることになる。それが社会問題となり、「ユダヤ人追放」ということになるのだ。

これをユダヤ人は、各地で繰り返してきた。

なぜユダヤ人に金貸しが多いかというと、ユダヤ人は2千年前から国土を持たない流浪の民なので、土地に根づいた商売をすることができない。職人になろうにも、ギルド（職人組合）があって、よそ者のユダヤ人は入っていくことができない。手っ取り早く稼ぐためには金貸しになるしかなかったのだ。

流浪の民だから金貸しになる、その金貸しが嫌われて土地の人から迫害され放浪の旅に出る、というパターンを2千年の間、繰り返してきたのである。

しかしその一方で、金融に長じていたユダヤ人は新しい金融システムをいくつも開発してきた。銀行券、有価証券や国債などの制度を作ったのはユダヤ人だともいわれている。またその金融の才能を生かして、国王などの財政をつかさどる「宮廷ユダヤ人」と呼ばれる人々もいた。つまりユダヤ人は、経済に長じているために、重んじられたり、嫌悪されたりしてきたのだ。

ユダヤ人は中世から近代にかけて西洋諸国のほとんどから締め出されていたが、近代の人権思想が広まるにつれ18世紀くらいからユダヤ人を受け入れる国も出てきていた。

もともとドイツもそういう度量の広い国のひとつだったのだ。

ビスマルク以来、ドイツはユダヤ人を保護した。ユダヤ人にとってドイツは住みやすい国だったのだ。

ヨーロッパ最大の資産家といわれたヴィルヘルム9世は、かのロスチャイルドに資産管理を任せていたくらいなのである（初代ロスチャイルドは、ドイツ・フランクフルト出身である）。

また、いくつかの州ではユダヤ人が軍の将校になることも可能だった。

しかしこのユダヤ人優遇政策が裏目に出ることになる。

ユダヤ人は、長年、放浪を続けてきた「苦難の民」であり、総じてたくましく向上心が強い。そのためあっという間にドイツ社会の特等席を占めるようになってしまった。

第一次世界大戦前後のドイツでは、ユダヤ人の人口は全体の1％にしか過ぎなかったが、政治家や大学教授のかなりの割合を占めていた。金融業、百貨店など経済関係の支配率も高かった。第一次世界大戦前後、ユダヤ人の平均収入は、他のドイツ人の3～4倍もあったという。もちろん、それはドイツ人たちの嫉妬、嫌悪の的になっていく。

ユダヤ人が住むことで、ドイツが豊かになった面もある。たとえば19世紀のフランクフルトはヨーロッパの金融センターのようになり、急激に発展したが、これはユダヤ人が多く移り住んだことも要因のひとつである。

しかしそれ以上に、ドイツ人とユダヤ人の収入の差、社会的身分の差は、敵対感情を生むようになる。

また第一次世界大戦後、ドイツが襲われた天文学的なインフレのときに、多くのユダヤ人が大儲けしていたことも、嫌われた原因となった。

ハイパーインフレは、中小企業の経営者や、小規模経営の農家に大きな打撃を与えた。不況で経営が行き詰まり、工場や農地を売りに出す。でもその代価で得たマルクは、みるみるうちに紙くず同然の価値になってしまう。

しかし、このハイパーインフレをうまく使えば、莫大な利益を上げることもできる。外貨を持っていれば、ドイツの資産はただのように安く買うことができた。中小企業の工場を買い取っても、残金を払う段になれば価格はタダのようになっている。そのようにして莫大な財を築いた人たちもいたのだ。

そういうことをしたのは、ユダヤ人ばかりではない。しかしユダヤ人が多数含まれていたことは確かである。彼らは金融に長じており、各国に親類縁者がいるので、外貨を得やすい。そのためハイパーインフレを機に、大儲けしたものも多かったのだ。

「ユダヤ人はドイツ人の困難に乗じて儲けた」

反ユダヤ主義者の謳い文句は、こういう背景から生まれたのである。

また「ユダヤ人問題」は「移民問題」でもあった。

第一次世界大戦が終わると、ポーランドなどの東方のユダヤ人がドイツに流れ込んできた。新しくできたドイツ・ワイマール共和国では、先進的な憲法で基本的人権などが保障されていたため、ユダヤ人も迫害されなかったからだ。

彼らは中世のドイツ語の一種であるイディッシュしか話せず、黒ずくめの身なりをしていた。総じて貧しく、いつも職を求めていたため、大量失業を抱えるドイツ社会では、必然的に嫌われることになった。

そういうことの積み重ねで当時のドイツ社会は、ユダヤ人を迫害する空気になっていたのである。

ナチスやヒトラーは、その空気を感じ、「ユダヤ人の排斥」を党の方針に盛り込んだのだ（ただしナチスの党の綱領には「ユダヤ人迫害」とまでは記されていない）。

そしてヒトラーは政権を取ると「ユダヤ人迫害政策」を打ち出した。

まずは公職からユダヤ人を追放し、やがて経済活動からも締め出し、最後には国外追放にかかった。

しかし、ここでヒトラーは大きな誤算をする。

ユダヤ人を追放しようとしても、ユダヤ人を受け入れてくれる国がなかったのである。

世界各国は、ナチスのユダヤ人迫害政策を非難はしたが、だからといってユダヤ人に手を差し伸べるわけでもなかったのだ。世界恐慌でたくさんの失業者を抱えていた欧米諸国は、ユダヤ人移住の制限を行なっており、一部の国ではユダヤ人流入に対する激しいデモも起こっていたほどだ。

1938年7月にはフランスで、ドイツのユダヤ人に関する救済の国際会議が開かれた。ドイツのユダヤ人は、ドイツを離れようにも、受入国がなかなか見つからなかったからだ。そこでアメリカが音頭を取って、32ヵ国の代表を集めて、この問題の解決策を講じようとしたのだ。

しかしこの会議は失敗に終わった。

ナチスが移住先の国から1人当たり250ドルの支払いを求めるなど厳しい条件をつけていたこともあるが、各国ともこれ以上移民を受け入れることには慎重だったのだ。

また経済相のシャハトは、ユダヤ人がドイツ国内で暴動などのターゲットになっているのを見かねて、ヒトラーにある提案をした。

ドイツとオーストリアのユダヤ人の財産を担保にして、年利5%の債券を発行し、世界中のユダヤ人に買ってもらう。その代金で、ドイツやオーストリアのユダヤ人の国外移住費を捻出する、というものだ。

「ユダヤ人の安全を保障できないのなら、国外へ移住する権利を与えるべき」

というのだ。

そしてこの債券の利子の一部は、ドイツの貿易振興に充てられる、という一項もちゃっかりつけ加えられた。

ヒトラーはこの提案を承諾した。

しかしこの計画も実現しなかった。

この債券を購入してしまえば、ユダヤ移民を受け入れざるを得なくなるということで、欧米諸国が乗り気にならなかったのである。

ナチスはユダヤ人の扱いを決めかねているうちに、オーストリア、チェコスロバキア、ポーランドなどを侵攻し、支配下に収めることになった。

しかし、これらの国々は、ユダヤ人の多い地域である。

つまりヒトラーはユダヤ人を追い出そうとしているのに、行く先々で大量のユダヤ人を抱え込む羽目になってしまったのだ。

しかも金持ちのユダヤ人たちは、早々に逃亡しているので、残っているのは貧しいユダヤ人ばかりである。その結果、多くの罪もない貧しいユダヤ人たちがナチスの迫害の犠牲になったのである。

第二次経済計画のテーマは「自給自足」

１９３６年、ヒトラーは新しい経済計画を発表した。

第二次4ヵ年計画と呼ばれるこの経済計画の目標は「自給自足」と「戦争ができる国力」である。

失業問題がほぼ収束し、経済も安定化したナチス・ドイツは、次の目標を戦争においたのである。戦争をするというわけではなく、「戦争をする準備」をするということである。

戦争をできるようにするには、軍備を充実することが第一である。

そして戦争になって、経済封鎖をされたときに困らないように、重要な物資はすべて自前で賄える「自給自足経済」を作ろうとしたわけである。

燃料、繊維製品、ゴムなどの原料を、ドイツで生産するというのだ。

これにより、もう輸入に頼らなくていい、イギリスやアメリカの嫌がらせや、世界恐慌の影響も受けずに、平和で豊かな経済活動を永久的に営めるようになる、という寸法だった。

また新しい経済計画では、もうひとつ大きな方向転換があった。

経済政策責任者の交代である。

これまで見てきたように、ナチス前半の経済政策は、非ナチスの財政家シャハトが一手に引き受けてきた。しかし今度の経済計画では、ヘルマン・ゲーリングがナチスの経済政策を統括するようになっていたのだ。

ヘルマン・ゲーリングとは、第一次世界大戦の空軍の英雄で、ヒトラーから国家元帥の称号を与えられていたナチスの幹部である。

　ナチスでは珍しく上流階級の出身であり、バイエルン州で植民地南西アフリカ初代総督の子として生まれた。陸軍士官学校を優秀な成績で卒業し、第一次世界大戦では飛行中隊長として活躍、プール・ル・メリット勲章も授与された。

　第一次世界大戦後は曲芸飛行ショーに出たり、旅客機のパイロットをしたりなど、あまり恵まれた環境にはなかった。１９２２年の秋、ヒトラーに魅了されてナチスに入党する。

　１９３３年に成立したヒトラー内閣では無任所相に就任し、プロイセン州内相を兼ねた。このときプロイセン州警察にナチス親衛隊などを送り込み、１９３４年には政治警察部門を独立させゲシュタポを設立した。

　太った体型、派手な服装、勲章が大好きという田舎の紳士的存在だった。

　このゲーリングが、シャハトの後の経済相の椅子に座ったのだ。

　しかし、この経済計画には大きな誤算があった。

　資源のないドイツで、原料、食料をすべて自給しようとすれば大変なコストがかかる。経済通のシャハトは、到底、こんな不経済な計画には同意しない。なので、経済担当者をヘルマン・ゲーリングに交代させたわけである。

　ヘルマン・ゲーリングは、ヒトラーの意向を汲んだ政策を推進するはずだった。しかし、ヘルマン・ゲーリングがこの仕事を引き受けたのは、「経済を知っていたから」ではなく、「経済を知らなかったから」なのである。

当然、この経済計画は頓挫することになる。

そして自給自足のコスト高が、ナチス・ドイツの経済を圧迫していくことになるのだ。

巨大企業「ヘルマン・ゲーリング製鉄」とは

ナチスの大がかりな景気テコ入れ策で、ドイツの経済は奇跡的な回復をしたが、その一方で原料不足に悩まされ始めていた。景気の回復により、原料の需要が急増したからである。

特に鉄鉱石の不足が深刻だった。

ドイツはベルサイユ条約により、鉄鉱石の大鉱源だったアルザス・ロレーヌ地方を失ったため、国内の鉄鉱石資源は4分の1に減少したといわれている。

そのためかつては鉄鉱石の輸入は30％程度だったが、第一次世界大戦後は70％に急増した。

しかも主な輸入元は、仮想敵国であるフランスなのである。

ナチスが政権を取ってからもそれは変わらなかった。

1934年のドイツの鉄の使用量は1千670万トンであり、そのうち1千万トン以上を輸入し、自給できたものは600万トンに過ぎない。

ヘルマン・ゲーリング（毎日新聞社提供）

鉄は、軍事産業をはじめ各産業にとってなくてはならない重要な資源である。その大事な資源を仮想敵国に頼らなければならないというのは、ナチスでなくても心もとないことだろう。

そのためナチスは、国内の貧鉱を開発し、鉄の精錬技術を向上させることで、自給を図ろうと考えたのだ。

しかし、ドイツに残っている貧鉱から鉄を精錬するとなれば、相当なコストがかかる。産業界からは猛烈な反発の声が上がった。鉄鋼業界の代表ヴェンツェルは、「鉄鉱石の自給など夢想に過ぎない」と一蹴した。

ヒトラーは第二次4ヵ年計画の覚え書の中で、こういう文言を入れている。

「国家は国民の経済的課題を提示するだけであり、民間がこれを達成しなければならない。しかし民間がそれをなしえないのであれば、ナチスが自らこの課題を解決するだろう」

つまり「民間がやらないのであれば、ナチスがやるぞ」というわけである。

これは産業界に対する脅しでもあった。ナチスが関与するということは、これまで鉄鋼業界に優先的に回されてきた原料や資本などを制限することを意味したからだ。

しかし鉄鋼業界は、それでも首を縦に振ることはなかった。相当なコスト高が予想され、またもしそれだけの設備投資をして採算ラインに乗ったとしても、軍縮になれば過剰な設備と人員を抱えてしまう。どう見てもリスクが大きすぎる事業だったのだ。

結局、ナチス自らが鉄鋼業に乗り出すことになった。

そこで作られたのが「ヘルマン・ゲーリング製鉄」という企業である。

ヘルマン・ゲーリング製鉄は、資本金4億マルク。

政府はそのうち2億7千万マルクを出資し、民間から1億3千万マルクの出資を仰いだ。

しかし、民間には議決権のない株しか交付されなかったので、事実上の国営企業である。

資本金4億マルクという規模は、IGファルベン、合同製鉄に次ぐもので、ヘルマン・ゲーリング製鉄はドイツ第3の巨大企業ということになる。

ヘルマン・ゲーリング製鉄は、ザルツギッター鉱区を強権的に取得し、年産400万トンを目標とした製鉄工場を建設した。ヨーロッパ最大級の規模である。

しかし1938年の1年間の産出量は57万トンに過ぎず、自給自足計画にはほとんど貢献しなかった。

その後も大して生産量は上がらず、1942年ヘルマン・ゲーリングが経済政策責任者の地位を降ろされるとともに、ヘルマン・ゲーリング製鉄は解体された。

石油を作る研究

ナチスは自給自足を目指したが、どうしても自給できないものもある。

特に最重要物資である石油は、ドイツでは採れない。これだけはどう頑張っても自給できないのである。

ナチスは自給できない物は、代用品を作る研究をした。

本当は自給せずに輸入したほうが早いし安くつくのだが、石油の市場の多くはアメリカが握っている。アメリカに頼っていれば、もし戦争が起きたときに、石油が枯渇してしまう。この悩みは当時の日本も持っていたものである。

ナチスは、石油を作ることで、この悩みを打開しようとした。

実際にナチス・ドイツでは石油を製造していたのである。

ドイツでは石油は採れないが石炭は採れた。だから石炭から成分を抽出して、石油の代替品を作ったのだ。

石炭から石油を採る技術は、1923年カイザー・ウィルヘルム石炭研究所が開発した。

石炭をガス化して水素と一酸化炭素を作り、触媒を通すことで、ガソリン、軽油、ワックス、アルコールなどを取り出すことに成功したのだ。

その後、原油価格の暴落などで、いったん、人工石油の研究は停滞した。石油を作るよりも買ったほうがはるかに安くつくからだ。

しかしナチス政権になって、人工石油は一躍脚光を浴びる産業になった。人工石油はナチスの国家プロジェクトになった。

ドイツ最大の化学工業メーカーＩＧファルベン社が全精力を上げて取り組み、石炭液化法は驚異的な発展を遂げた。ＩＧファルベンが開発した石油液化法で１９３４年のドイツのガソリンの使用量１５０万トンのうち35万トンが自給された。

ＩＧファルベンは、人工石油の工場をドイツ各地に建設し大量生産を開始した。

第二次世界大戦が始まる前、アメリカの石油会社の役員がＩＧファルベン社の人工石油工場を視察して「人工石油は、世界の石油市場を脅かすようになる」と本社に報告したという。

ナチスの人工石油の製造工場は12ヵ所あり、１９４４年には年間製造３５０万トンに達していた。

このころナチス・ドイツが確保していた天然石油は年間３００万トンなので、天然石油よりも人工石油のほうがはるかに多かったのである。

人工石油は品質も優秀だった。

オクタン価は96であり、これは今の日本のハイオクガソリンの基準をクリアしている。ナチス・ドイツが第二次世界大戦中に使用した航空機の燃料のほとんどは、この人工石油で賄った。

しかし人工石油は、最後まで採算は取れなかった。

天然石油の4～5倍も費用がかかったので、ナチスの戦時経済を大きく圧迫した。ソ連との戦争で、モスクワ陥落を目の前にして軍をコーカサス地方に転じたのは、油田を獲得するためだったのだ。この転戦は、対ソ戦のターニングポイントともされている。これを機に攻守が逆転したからだ。ナチス・ドイツは、石油のためにソ連に敗れたということでもある。

やはり国家経済というものは完全に自給自足するよりも、安く輸入できるものは輸入したほうがいいということである。そのためには、諸外国との良好な関係を築くことが一国の経済には重要だということだ。

その点において、ナチスは大きな失敗をしたといえる。

経済問題から見た「領土拡張政策」

ナチスは、極端な領土拡張政策を採った。

ありていにいえば、周辺国への侵攻である。

後世の目から見れば、なぜあれほど急激に周辺国に侵攻していったのかが奇異に映るだろう。あんなことをすれば、周りの国は怒って当然だろう、そしてナチスとはなんて悪い奴だ、と思うだろう。

しかしナチス側に立って見ると、事実は少し違ってくる。彼らにとっては「侵攻」ではなく「奪回」なのである。

すでに見てきたように、ドイツはベルサイユ条約で植民地を全部取り上げられ、国土も大幅に割譲させられた。ベルサイユ条約の破棄を掲げていたナチスにとって、旧領土の奪回は「公約」でもあったわけだ。

またこの「領土の奪回」は、自給自足計画の一環でもあった。

ヒトラーは生活圏の確保ということをたびたび口にしたが、これはドイツ民族が、暮らしていけるだけの領土を確保する、という意味である。

当時、ドイツの輸入額の60％は原料だった。そして25％が食料である。つまり、ドイツは原料と食料が輸入の85％も占めていたのだ。

ナチスは、経済の基礎になる部分を外国に頼っていたわけだ。

当時のナチスの食料自給状況を見ると、パン用の小麦は97％、その他の穀物が73％、ジャガイモは101%、砂糖は104%、肉類97%、乳製品90%だったので、基本的な食料にはそう不自由はしていなかった。しかしバターなどの脂肪製品が45%、鶏卵が68%、果物が65%となっており、嗜好的な食物は輸入に頼っていた。

ドイツの人口は1936年当時、6千600万人であり、イタリアの4千200万人、フランスの4千100万人に比べて抜きん出ていた。これだけの人口を養う食料を確保するのに、今のドイツでは狭すぎる、というわけである。

またこの当時の欧米諸国は、保護貿易を採る傾向にあった。1929年の世界恐慌の影響で、貿易をして自国の利益を流失するよりは、あまり貿易をせずに自国を守ろうという気運が満ちていたのだ。

植民地をたくさん持っている国は、ことさらに貿易をしないでもやっていける。

しかしベルサイユ条約で植民地を全部取られているドイツとしてはとてもやっていけない。貿易が縮小されれば、食料にさえ事を欠くようになってしまう。

そこで生活圏を得るために、第一次世界大戦以前に持っていた領土、植民地を奪還するというのが、ナチスの目標のひとつだった。

ドイツの領土を、第一次世界大戦前の状態に戻したいと考えていたのは、ヒトラーやナチスばかりではない。当時のドイツ人の労働者から知識人にいたるまでのほとんどは、それを切望していた。

たとえば、1929年に開かれたドイツの連合国への賠償に関する国際会議「第2回ヤング会議」で、ドイツ代表の財政家シャハトはこう発言している。

「取り上げられた植民地と、ポーランドへ割譲した回廊が戻されないと、賠償金は払えない」と。

ポーランド回廊というのは、第一次世界大戦後にポーランドが建国されたとき、海につながる土地を確保するために、ドイツが領土を割譲させられたのである。このポーランド回廊のために、ドイツは東プロイセン地域と遮断されてしまったのだ。

ドイツが工業品を生産する上では、植民地からの原料は欠かせない。東プロイセンの農産物をドイツに直接輸送できないと、ドイツの市民生活に支障をきたす。このままでは、ドイツは賠償金を払える状態にないといっているのだ。

シャハトはまた次のようなこともいっている。

「ドイツの領土不足の問題、換言すれば植民地問題である。この問題は国際的には、いまだほとんど理解されていない。同様の問題に当面していたイタリアと日本は、それぞれの方法においてその問題を解決し、すでに『満足した国民』の列に加わっている。そしてドイツのみは、今なお自己の植民地を領有せぬ唯一の強国である。ドイツの植民地の返還要求は、ドイツが平和を愛することの最大の証拠である」

ありていにいえば、先進国の中で植民地がないのは、ドイツだけである。日本とイタリアも持っていなかったが、イタリアはエチオピアを、日本は満州を植民地にすることで、「持てる国」の仲間入りをしたじゃないか、ドイツはまだ植民地の奪回をしていないのだから、それだけでも平和主義者だといいうるのだ、ということである。

このまま植民地を返さなければ、イタリアや日本のように力ずくで奪うぞ、という脅しとも取れるような発言である。

第4章で述べたように、シャハトはナチスの軍拡路線、侵略路線には反対していた。そのシャハトでも、今のドイツの領土は少なすぎると考えていたのだ。

この発言は、ドイツ人の意見を代弁しているといえる。

そして、ドイツ人の願望を叶えるために、ヒトラーはどうしたかというと、話し合いという時間のかかる方法ではなく、侵攻という手っ取り早い方法を採ってしまうのだ。

1936年3月7日、ドイツ軍が非武装地帯に指定されていたラインラントに進駐した。ヒトラーはこのときフランスが武力行使に出れば、撤退せよという命令をくだしていた。はたしてフランスは、抗議を表明しただけで武力行使には及ばなかった。ここにベルサイユ条約は完全に反古《ほご》にされ、ヒトラーはさらなる名声を獲得した。

これに味をしめたヒトラーは、チェコスロバキアを併合、そしてポーランドに侵攻してしまう。

しかし英仏にとってみれば、これ以上ドイツを野放しにしてはおけないということになり、ポーランド侵攻の時点でドイツに宣戦を布告したわけである。

ヒトラーはなぜ無謀な侵攻を行なったのか？

ドイツは1938年から狂ったように他国への侵攻を始める。

1938年3月にはオーストリアを併合、同年9月にはチェコスロバキアに対してズデーデン地方を割譲させ、翌年にはチェコを自国に編入してしまい、そしてポーランドに攻め込んだところで、第二次世界大戦となった。

ナチスの党綱領には、ベルサイユ条約の破棄が掲げられているので、第一次世界大戦前の領土を取り戻す、ということは大テーマだった。なので、チェコスロバキアやポーランドに侵攻したのは、当初からの目標ではあったわけだ。

それにしてもあまりに拙速すぎるのではないだろうか。

ヒトラーが政権についてからまだ5年、軍備もそれほど整っているわけではない（海軍などはほとんどなかった）。せっかく失業問題を短期間で解消し、これから国力が発展するというときのことである。

不謹慎ないい方かもしれないが、どうせ戦争を始めるなら、もう少し待ったほうがいいんじゃない？　と思ってしまう。

なのに、なぜこれほどドイツは戦争を急いだのか？

その答えのひとつが金の保有量にある。


ナチスは金本位制によらず、物々交換で貿易を行なっていたとはいえ、すべての国がそれに応じてくれたわけではなかった。国際貿易の決済は、まだまだ金で行なうのが主流だったのだ。

相手が強国で、金を要求してくる場合には、金で支払うことが必要になってくる。特に石油の輸出を取り仕切っているアメリカには、相当額の金の支払いを行なわなければならなかった。

またシャハトがずいぶん値切ったとはいえ、莫大な対外債務もあり、これも金を使う必要があった。

その結果、ドイツ帝国銀行の金の保有量は、1932年8億マルクだったものが、1937年には6千800万マルクになってしまっている。

当時のドイツの金保有量は次のようになっていた。

1931年　17億1千100万マルク
1932年　8億3千800万マルク
1933年　4億5千700万マルク
1934年　1億5千800万マルク
1935年　8千600万マルク
1936年　6千900万マルク
1937年　6千800万マルク

このように1931年に比べれば、ドイツの金の保有量は25分の1以下に減少しているのである。このままでは、金が枯渇し、石油の輸入や対外債務の支払いができなくなるのは一目瞭然である。

ドイツとしてはなんとかしなくてはならない。

ヒトラーとシャハトが激しく対立したのもここに原因がある。

おそらくシャハトは、これ以上の軍拡はやめて、輸出産業を振興し、金の保有に努めることを口やかましく諫言したに違いない。この危機を平和的に脱しようと思えば、そうするしかなかっただろう。

ヒトラーとしては、軍拡をやめるか、一か八かの勝負に出るかの選択を迫られたわけである。

そしてヒトラーは勝負に出たわけである。

だからヒトラーとしてはそれほど大戦争をするつもりはなかったと思われる。

というより、なるべくならイギリス、フランスなどとは兵を交えないで、旧ドイツ領を回復し、現地の銀行を没収することで金の保有量を増やし、経済的な再起を図りたいと考えていたのではないだろうか。

1939年、ドイツがポーランドに侵攻したのをきっかけに、イギリス、フランスが宣戦布告をした。が、当初、両者はにらみ合いを続け、実際の戦闘が始まるまでには1年近くを要した。この空白期間の「奇妙な戦争」といわれている時間に、和平を呼びかけていたのはドイツのほうだった。

ナチスはあの手この手を使って、英仏に和平工作をしかけた。

しかし英仏は、ヒトラー内閣の退陣を要求するなど、頑として聞き入れなかったので、戦端が開かれたのだ。

遅れてきた第3の男「アルバート・シュペーア」

ナチスで経済政策の責任者となったものは、大まかにいって3人いる。

1人目はシャハトである。その後を継いだのがゲーリング、そして最後にアルバート・シュペーアという男が出てくる。

アルバート・シュペーアは、1905年生まれ、ヒトラーよりも16歳若い。建築家の家に生まれ、ミュンヘン工業大学を出た後、自らもフリーの建築家をしていた。1931年にヒトラーの演説を聞いて、ナチスに入党する。

アルバート・シュペーア（dpa/PANA）

1930年代初頭の不景気で、シュペーアにはほとんど仕事がなく、ナチスの党施設の改築工事などをボランティア的に行なっていたが、それが認められヒトラーに重用されていく。

シュペーアは建築家、アーティストとして優れた才能を持っていた。

総統官邸の改修工事をしたときには、

ヒトラーが集まった民衆に応えられるようにバルコニーを作った。またナチス党大会の演出を任されたときには、空軍が所有していた最新鋭のサーチライト130本を12メートルの間隔で空に放ったこともあった。サーチライトの光は海のように見え「光のドーム」と呼ばれた。現在でも、彼はナチスの幹部としてではなく、芸術家として評価されることも多い。

またシュペーアは建築家として能力が高いだけではなく、事業の運営が非常にうまかった。彼は事業を請け負うと、そのつどもっとも合理的な方法を探し、引き受けた仕事を予想以上の速さと質で完成させた。そのため彼は、シンデレラボーイさながらに出世していく。

ベルリン再開発計画が持ち上がったとき31歳のシュペーアは、事実上の責任者となる。第1章で紹介した「ゲルマニア計画」である。

また1942年には軍需大臣だったフリッツ・トートが飛行機事故で死亡し、その後を受けてシュペーアが軍需大臣となる。さらに1943年9月には軍需部門だけではなく、全産業に関する権限が委譲され、ドイツ経済を指揮する立場になった。

当時のシュペーアはまだ37歳だったが、組織能力の天才といわれ、ヒトラーのみならず経済界、大企業の経営者たちからも信頼されていた。

彼が軍需相になったとき、すでに連合軍の空爆が始まっていたにもかかわらず、ドイツの兵器製造の能率は大幅に上昇した。たとえば重戦車製造量は1941年から1944年までに6倍になり、航空機は3.5倍になった。

砲、銃器、弾丸などの各兵器を陸海空の三軍がそれぞれに作っていたのをやめさせ、共通して使えるものは共通させることで、大幅に合理化した。そして製造の細部までは指示せずに、工場にある程度任せることで自己管理させ、コストダウンに成功した。

また2週間おきに、人的資源、物的資源をどこに配分するかの調整が行なわれ、もっとも効率的な場所に資源が集中された。

このようにして、ドイツの産業に一大革命をもたらし、戦争遂行能力を格段に上げた。敵国イギリスの雑誌『オブザーバー』でさえ、シュペーアを評価する記事を書いている。

ナチスは、初期にシャハト、後期にシュペーアという優れた経済担当者を持った。しかし、その間を務めたヘルマン・ゲーリングは凡庸であり、初期の財産を食いつぶしてしまったといえる。

もしシュペーアが、シャハトの後継となっていたならば、ナチス・ドイツの運命は変わっていたかもしれない。

戦後のシュペーアは、自らの戦争責任を認め、ニュルンベルク裁判で禁固20年の刑を受けた。出所後、ヒトラーの側近の中では唯一、自伝を発表している。

秘書に財布の紐を握られていたヒトラー

これまで見てきたように経済政策者としては非凡な能力を持つヒトラーではあるが、自分個人の経済感覚は非常に乏しかった。

ヒトラーは一国の権力者にしては、異例ともいえるほど金に関して清廉だった。さすがに市民とまったく同じような生活とまではいかないが、贅を尽くしたような趣味はなかったし、親類縁者を使って財閥を形成するなどということは、まったくなかった。

私的な金銭欲求は、ありすぎるのも問題だが、まったくないのも不都合なことが生じるものである。ヒトラーなどはその典型ともいえる。

金に疎いヒトラーの、その財布の紐は秘書のマルティン・ボルマンが握っていた。

ボルマンがいなければ、ヒトラーは愛人エバ・ブラウンの小遣いさえ出すことができなかったという。

ボルマンは、金の調達がうまい男だった。

総統になっても、それほど大きな収入は得られていなかったヒトラーのために、肖像権の版権を使って金を捻出することを考えついた。当時、ヒトラーの肖像が切手などあらゆるところに使われたので、その使用料を徴収してヒトラー個人の収入にしたのだ。

またボルマンは、「ヒトラー工業基金」というものを作り、経済発展で儲けた企業には強制的に献金させた。このヒトラー工業基金からは、党幹部にも分け前が与えられたので、ボルマンの権力はみるみる強くなっていったのだ。

しかしこのボルマンという男は、ナチス高官のなかでもっとも評判の悪い人物でもある。戦後生き残ったナチス高官の多くが彼のことを悪しざまに語っているし、温和で紳士的だった軍需相のシュペーアでさえ「陰謀に加えて残忍性も備えて、誰をも蹴落とそうとするエネルギーを持っていた」と回想に書いている。

彼は出世しか頭にない人間で、出世に対するエネルギーは相当なものだった。郵便局員の子として生まれ、学校を中退したり、職を転々とするなどさえない人生を送っていたが、1925年ナチスに入党。ヒトラーの読書傾向を調べて話題を合わせたり、本来は肉食なのにヒトラーの菜食に合わせたりするなど、ヒトラーに追従することでナチスの幹部に上り詰めていく。

1941年に官房長になってからは、ヒトラーのスケジュールを管理し、だれもがボルマンを通さなければヒトラーに会えなくなった。そのため、ボルマンの気に入った者しかヒトラーに会いづらくなった上、ヒトラーには都合の悪い情報がまったく入らなくなり、ヒトラーが判断を誤るようになったともいわれている。

いずれにしろ、ボルマンを秘書に選んだのはヒトラーなのだから、ヒトラーの責任は免れないが。

中央銀行を手中にするという失敗

これまで見てきたように、第一次世界大戦後のドイツは、英仏をはじめ他の国々からいじめ抜かれてきた。それはドイツの中央銀行の組織にも表れている。

当時のドイツの中央銀行であるドイツ帝国銀行は、理事会の半分が外国代表だったのである。理事会は総裁や役員の人事権を持っており、事実上の最高議決機関だった。

ベルサイユ条約の賠償責任を果たすために、そういう処置が取られたのだ。

そして中央銀行のシステムも、諸外国の意向で決められた。金為替本位制の導入が定められ、流通通貨の最低40%を金、または外国為替によって裏づけることが義務づけられていた。

中央銀行というのは、通貨の発行権も持っており、その国の経済の中枢といえる機関である。その中央銀行が、外国の支配を受けているのである。当時のドイツは、半植民地状態だったといっていい。

もし日本銀行の役員の半分以上が、外国人だったら日本人ならどう思うだろう？

その屈辱たるや、筆舌に尽くしがたいことだろう。

ドイツ帝国銀行の理事会を廃止し、中央銀行を自国のもとに取り戻したのが、ヒトラーなのである。ドイツ国民がヒトラーに拍手喝采をしたのも無理からぬ話なのである。

ヒトラー政権になってからは、総裁や役員人事は、首相が握ることになった。そのためヒトラーは、ドイツ帝国銀行総裁にあのシャハトを起用したのである。

ここまではよかった。

シャハトは、様々なアイディアで、公共事業費や再軍備費を捻出し、インフレを起こさずにドイツ経済を活性化させることに成功した。

しかしさらなる軍備拡大をしたかったヒトラーは、それに応じないシャハトを解任、１９３９年１月には、ドイツ帝国銀行を国有化してしまった。

通貨を発行する中央銀行というのは、だいたいどこの国でも政府から独立しているものである。

なぜ政府とは別機関になっているかというと、政府はなるべくならお金をたくさん使いたい、だから公債をたくさん発行したい、しかしそれを野放しにしてしまえば、インフレが生じてしまう。中央銀行が公債の引き受けを拒否することで、政府の野放図な公債発行が食い止められる。

つまり、政府のお目付け役として中央銀行は存在しているのだ。

しかし、その中央銀行を政府の直属にしてしまえば、チェック機能が働かなくなってしまう。

ヒトラーはそれをしてしまったのである。ヒトラーは当然のように公債を濫発し、莫大な軍事費を支出することになった。

この公債の濫発がナチス崩壊の一因となっていく。

「借金でつぶれた国はない」とヒトラーはいったが…

ヒトラーの公債濫発には、それをいさめる声もあった。

前ドイツ帝国銀行総裁のシャハトも、ことあるごとにヒトラーに警告を発した。彼は、経済相もドイツ帝国銀行総裁も辞めていたが、まだ無任所大臣の肩書があったので、ヒトラーに諫言をする機会はあったのだ。

しかしヒトラーは、こういって切り返したという。

「戦争に負けてつぶれた国はあっても、借金でつぶれた国はない」

と。

確かに、借金が直接の原因で崩壊した国はない。

しかし財政が破綻し、それが因で民衆の反乱が起きたり、他国に攻め込まれたりして崩壊した国は数知れないほどあるのである。

公債を濫発して、国の借金が雪だるま式に膨らんでも、ナチス・ドイツではインフレや社会不安などは起きなかった。

企業には公債の購入を義務づけていたし、国民には貯蓄を奨励していた。さらに物価の統制も行なわれていたので、それほどインフレは起きなかったのだ。

しかし、それもナチスに勢いがあるときのことである。

敗走しはじめると、国の信用はぐらつく。そうなれば濫発された公債が、国民の不安材料になっていく。

だからナチス・ドイツは、無茶な戦線拡大を繰り返すことになった。

つまりナチスは、多額の借金の不安を逃れるために、戦争を行ない続けるしかない状態になっていったのだ。

１９３９年、ナチス・ドイツがポーランドに侵攻したとき、第二次世界大戦が始まった。

当初ドイツ軍は破竹の勢いで進撃を続けた。

ベルギー、オランダを無人の野を行くがごとく蹂躙《じゅうりん》し、第一次世界大戦で苦汁をなめさせられたフランスをわずか２ヵ月で降伏に追い込んだ。さらにソ連、アフリカにも攻め込み、大勝利を収めた。

しかし、１９４１年にイギリス本土での空中戦「バトル・オブ・ブリテン」で失敗して以来、形勢は傾いていく。12月にはアメリカが連合国側に加わり、１９４２年８月から始まったスターリングラード攻防戦では大損害を被って敗北した。

そのころからナチスの内部からも和平をするべきじゃないか、という意見が出てきていた。しかしヒトラーはそれをことごとく退けた。

「この戦争では勝利か滅亡しかない」

これは、ヒトラーの一か八かという極端な性格を表したものでもあるが、ナチス・ドイツの財政状況を示す言葉でもあった。

ドイツが負けを認め和平をした場合、莫大な公債はその価値を失い、想像を絶するようなインフレを引き起こすだろう。

そのためドイツ軍は敗走をすることは許されず、各地で無理な戦闘を繰り広げ、最終的に壊滅していくのである。

ナチスは軍備のために莫大な借金を背負い、その借金のために崩壊したといえるのだ。

国際経済から見た「アメリカの参戦」

日本人はあまり気づかないかもしれないが、第二次世界大戦のターニングポイントというのはアメリカの参戦である。

アメリカの第二次世界大戦への参戦は、真珠湾攻撃を契機としている。

日本では英米ははじめから一緒に戦っていたものと思っている人が多いが、ヨーロッパ戦線では、イギリスだけが戦い、アメリカは傍観していた時期がけっこう長いのだ。

真珠湾攻撃には、以前から疑惑が持たれている。アメリカ政府は真珠湾攻撃を事前に知っていたのに、わざと攻撃させ社会を参戦に向かわせた、ということだ。つまり、アメリカは実は戦争をしたがっていたのではないか、ということだ。

真珠湾攻撃をアメリカが事前に知っていたか知らなかったかは別としても、孤立主義を取っていたアメリカが、ある時期から急に参戦に大きく傾いていたのは、あらゆる歴史家が認めるところである。石油の全面禁輸など日本への要求が厳しくなり、いつ戦争が起きてもおかしくない状況を作っていった。

なぜアメリカは参戦したがっていたのか？

ということはなかなか解けない問題だった。日本に対してそれほど憎しみがあるわけではない。日本と戦争をしてもそれほどメリットがあるとは思えない。

しかしヨーロッパ戦線に目を転じてみると、意外な事実が浮かび上がってくるのである。

１９３９年に、英仏がドイツに宣戦布告をして以来、ドイツは破竹の勢いでヨーロッパ中を席巻し、フランスはわずか２ヵ月で降伏、イギリスは大陸から本国に逃げ帰った。状況的に見てイギリスが降伏か、和平をするのは時間の問題と思われていた。

アメリカはイギリスから再三再四、ヨーロッパ戦線への参戦を求められていたが、アメリカは首を縦に振らなかった。ドイツにそれほど恨みがあるわけではないし、ドイツに投資をしている企業、投資家もたくさんいる。たとえばドイツに子会社を持っているフォードやGMなどは、ドイツが戦争を始めても、以前とまったく変わらずドイツ子会社を営業させ続けていた。アメリカにとってドイツと戦わなければならない理由が見当たらないのである。

特に当時のアメリカは孤立主義を採っていたので、議会が参戦に賛成する雰囲気ではなかったのだ。

しかし、1940年中盤で状況は一変する。アメリカは参戦の方向に傾いた。陰に陽に連合国を支援するようになり、1941年3月にはイギリスへの武器貸与法を成立させる。そして日本に圧力をかけ始めるのだ。

1940年中盤に何が起きたかというと、序章で述べたように7月にドイツが欧州新経済秩序というものを発表しているのだ。

欧州新経済秩序は、ドイツの占領地域ではマルクを通貨とし、マルク通貨圏内では資本、労働力、商品の往来を自由にするという、今のユーロのような計画だった。

この欧州新経済秩序は、金本位制を離れた金融制度、今の管理通貨制度のような金融システムを採ることになっていた。

実はこの欧州新経済秩序は、アメリカにとってこの上もなく目障りなものだったのである。世界の金の7割を持っていたアメリカは、だからこそ世界一の繁栄を謳歌できていたのである。もし欧州新経済秩序がグローバルスタンダードになり、どこの国も金本位制に従わないようになると、アメリカの金は持ち腐れになってしまう。

またドイツのマルクが欧州全体で使われるようになると、ドイツの工業製品がヨーロッパ市場を独占することは目に見えている。当時、世界一の工業国はアメリカだったが、ドイツが猛追していた。ドイツがその地理的優位を生かしてヨーロッパ市場を独占すれば、アメリカの工業製品は行き場を失い、産業界は大きなダメージを被るはずである。

つまり、ドイツが欧州新経済秩序を発表したころには、アメリカにとって第二次世界大戦は「対岸の火事」ではなくなっていたわけである。

逆にいえば、ドイツとしては欧州新経済秩序を発表したときに、アメリカへの配慮を欠いたのが大きな誤算となった、といえる。もし欧州新経済秩序を発表するときに、アメリカに一言相談をしていれば、アメリカの参戦はなかったかもしれないのだ。

あとがき

ヒトラーの経済政策の基本原理は非常に単純である。

「生活に困っているものをまず助ける」

ということだ。

これは経済の理に適っているものでもある。

生活に困っているものは、もしお金が入ったらそのほとんどを生活費として使う。それは消費を喚起することになる。つまり生活に困っているものを助ければ、消費が増え、社会全体が活性化するのだ。

景気を喚起するために財政出動するとき、もっとも効果があるのは、低所得者層に向けて支出をすることだ。それを明確に実証したのが、ヒトラーだといえるだろう。

これは太古から善政の見本のようにいわれてきた政策である。しかし、ほとんどの政治家はいろんなしがらみがあって、なかなかこれができない。それをヒトラーはやってのけたのである。

この点については、現代の政治家もぜひ見習ってもらいたいと思う。

と、まあこれまで筆者はさんざんヒトラーの経済政策の優れた面について語ってきた。ならば、もしナチス・ドイツが再来すれば歓迎するか、といわれれば決してイエスではない。いいたいことも自由にいえない一党独裁の国家では、息苦しすぎるからだ。しかし、もし「飢えか、不自由か」という選択を迫られた場合、筆者は不自由を選ぶと思う。少しくらいいいたいことがいえなくたって、食えないよりはマシだからだ。ナチス時代のドイツ国民もそういう思いがあったのではないだろうか。

これを書いている2009年現在、国際社会は、世界大恐慌以来というような、深刻な経済危機に見舞われている。

これは資本主義の持つ矛盾が一気に噴き出したものといえるだろう。

20世紀の終わりに、共産主義が崩壊して以降、世界各国は「資本主義こそが最上の経済社会システム」とばかりに、こぞって利益優先主義を採ってきた。

しかし共産主義が崩壊したのは、資本主義が優れていたからではなく、共産主義が自滅しただけなのである。

「共産主義の崩壊」イコール「資本主義のやり方がすべて正しい」ということではないのだ。にもかかわらず、各国は企業や投資家の利益が最優先される社会を作ってきた。その結果が、現在の経済危機、金融危機ではないだろうか。

初期のナチス・ドイツ経済相シャハトがいったように、国際経済に一人勝ちはあり得ない。どこかの国だけが潤って他の国が困窮するような状態は、一時的には生じるかもしれないが、長くは続かない。その矛盾はやがて恐慌や戦争という形で、噴き出すことになる。その結果、国際社会はより多くの代償を支払わなければならない。

これは国際経済に限らず、「経済そのもの」にもいえることだろう。

特定の人だけが潤っているような社会は長くは続かない。それは歴史が証明してきたことである。


ナチスの存在は、現代社会に対する厳しい警告のようなものかもしれない。

「言論」や「経済活動」の自由はあったほうがいいに違いない。しかし、各人があまりに自己の利益ばかりを追求し、格差や貧困がはびこる社会になれば、ナチスのような存在が台頭してくるのではないだろうか。

そのことを主張したくて、あえてナチスという史上最大の悪玉にスポットライトを当てた次第である。

ただし本書では、ページ数の都合上ナチスの残虐行為等については、ほとんど触れていない。なので本書だけをもって「ナチスの全体像」を判断することは、かなり無理があるということをつけ加えさせていただく。

最後に、この企画を取り上げていただいた祥伝社の小川氏、作業を共にしていただいた菊池企画、そのほか本書が書店に並ぶまでにご尽力いただいた皆様にこの場を借りて御礼を申し上げます。

２００９年３月　　著者

参考文献

『防共ナチスの経済政策』　H・シャハト　景山哲夫訳　刀江書院
『戦時経済とインフレーション』　H・シャハト　越智道順訳　叢文閣
『明日の金融政策と輸出金融』　H・シャハト　東京銀行調査部
『ドイツは語る　新生ドイツの実相』　H・シャハト監修　三上正毅訳　今日の問題社
『ナチス経済とニューディール』　東京大学社会科学研究所編　東京大学出版会
『ナチス経済』　塚本健　東京大学出版会
『ドイツ手工業者とナチズム』　鎗田英三　九州大学出版会
『ドイツ農村におけるナチズムへの道』　豊永泰子　ミネルヴァ書房
『ドイツの金融システムと金融政策』　羽森直子　中央経済社
『ケインズと世界経済』　岩本武和　岩波書店
『通貨燃ゆ』　谷口智彦　日本経済新聞社
『ナチス経済法』　日満財政経済研究会編集　日本評論社
『ナチス厚生団』　権田保之助　栗田書店
『ナチス独逸の財政建設』　W・プリオン　金融研究会訳　ダイヤモンド社
『利益が多くて配当の少い独逸の会社』　石山賢吉　ダイヤモンド社
『ナチズムとドイツ自動車工業』　西牟田祐二　有斐閣
『VW（フォルクス・ワーゲン）世界を征す』　田口憲一　新潮社
『メルセデスの魂』御堀直嗣　河出書房新社
『モノが語るドイツ精神』　浜本隆志　新潮社
『現代ドイツ化学企業史』　工藤章　ミネルヴァ書房
『石油の世界史』ジャン・ジャック・ベルビー　門田光博訳　幸書房
『国際化学産業史』　フレッド・アフタリオン　柳田博明監訳　日経サイエンス社
『ヒトラーの遺産』　柘植久慶　ケイエスエス
『ナチス狂気の内幕』　アルベルト・シュペール　品田豊治訳　読売新聞社

『わが闘争・完訳』上下　アドルフ・ヒトラー著　平野一郎、将積茂訳　角川文庫
『ゲッベルスの日記』　ヨゼフ・ゲッベルス　西城信訳　番町書房
『ゲーリング言行録』　ヘルマン・ゲーリング　金森誠也　荒地出版社
『現代ドイツ史入門』　ヴェルナー・マーザー　小林正文訳　講談社現代新書
『物語 ドイツの歴史』　阿部謹也　中央公論社
『ドイツ人』　リチャード・ロード　武弓正子訳　河出書房新社
『図説西洋経済史』　飯田隆　日本経済評論社
『ユダヤ人とドイツ人』　大澤武男　講談社現代新書
『ヒトラーとユダヤ人』　大澤武男　講談社現代新書
『ナチ・ドイツと言語』　宮田光雄　岩波新書
『ナチス経済の構造分析』　ルードルフ・ヒルファディング　倉田稔訳　新評論
『ナチス統治下の民衆生活』　村瀬興雄　東京大学出版会
『未完の帝国』　八束はじめ・小山明　福武書店
『アメリカはなぜヒトラーを必要としたのか』　菅原出　草思社
『ナチズムの記憶』　山本秀行　山川出版社
『ベルリン特電』　江尻進　共同通信社
『ヒトラーの特許戦略』　ゲンター・ライマン　ダイヤモンド社
『ナチ・オリンピック』　リチャード・マンデル　田島直人訳　ベースボール・マガジン社
『ヒトラーへの聖火』　ダフ・ハート・デヴィス　東京書籍
『オリンピア・ナチスの森で』　沢木耕太郎　集英社
『絶対の宣伝』１～４　草森紳一　番町書房
『総統国家』　ノルベルト・フライ　岩波書店
『ナチ統治下の民衆』　リチャード・ベッセル　刀水書房
『ヒトラーを支えた銀行家』　ジョン・ワイツ　糸瀬茂訳　青山出版社
『勝利のヒットラー』　池田林儀　七人社

『健康帝国ナチス』 ロバート・N・プロクター　宮崎尊訳　草思社
『ナチス・ドイツの有機農業』 藤原辰史　柏書房
『悪魔の発明と大衆操作』 原克　集英社新書
『夢と魅惑の全体主義』 井上章一　文春新書
『ナチズムのなかの20世紀』 川越修、矢野久ほか　柏書房
『第三帝国の社会史』 リヒアルト・グルンベルガー　池内光久訳　彩流社
『NHK歴史への招待24』 日本放送出版協会
『議論された過去』 ヴォルフガング・ヴィッパーマン　林功三、柴田敬二訳　未來社
『ナチスの科学政策』 深尾重光　アルス
『ナチス国家における教育』 エルンスト・クリエック　三戸広治訳　日本研磨精工所
『ナチス経済と欧州の新秩序』 小穴毅　朝日新聞社
『ナチス教育改革の全貌』 白根孝之　中和書院
『独逸税制発達史』 野津高次郎　有芳社
『ナチス・ドイツの社会と国家』 南利明　勁草書房
『ヒトラー全記録』 阿部良男　柏書房
『私はヒトラーの秘書だった』 トラウデル・ユンゲ　足立ラーベ加代・高島市子訳　草思社
『ヒトラーの共犯者』上・下　グイド・クノップ　高木玲訳　原書房
『空軍元帥ゲーリング』 ロジャー・マンベル　加藤俊平訳　サンケイ新聞社出版局
『ヒトラーの金脈』 ジェイムズ・プール、スザンヌ・プール　関口英男訳　早川書房
『ナチス副総統ボルマンを追え』 桧山良昭　東京書籍
『ヒトラーのテーブル・トーク』上下巻　アドルフ・ヒトラー　吉田八岑監訳　三交社
『ヒトラーの建築家』 東秀紀　日本放送出版協会

切りとり線

★読者のみなさまにお願い

この本をお読みになって、どんな感想をお持ちでしょうか。祥伝社のホームページから書評をお送りいただけたら、ありがたく存じます。今後の企画の参考にさせていただきます。また、次ページの原稿用紙を切り取り、左記まで郵送していただいても結構です。

お寄せいただいた書評は、ご了解のうえ新聞・雑誌などを通じて紹介させていただくこともあります。採用の場合は、特製図書カードを差しあげます。

なお、ご記入いただいたお名前、ご住所、ご連絡先等は、書評紹介の事前了解、謝礼のお届け以外の目的で利用することはありません。また、それらの情報を6カ月を超えて保管することもありません。

〒101―8701（お手紙は郵便番号だけで届きます）
祥伝社新書編集部
電話03（3265）2310
祥伝社ホームページ　http://www.shodensha.co.jp/bookreview/

★本書の購買動機（新聞名か雑誌名、あるいは○をつけてください）

＿＿＿＿新聞の広告を見て	＿＿＿＿誌の広告を見て	＿＿＿＿新聞の書評を見て	＿＿＿＿誌の書評を見て	書店で見かけて	知人のすすめで

★100字書評……ヒトラーの経済政策

					名前
					住所
					年齢
					職業

武田知弘　たけだ・ともひろ

1967年生まれ。福岡県出身。西南学院大学経済学部中退。塾講師、出版社勤務などを経て2000年からライター活動を始める。歴史の裏側、経済の裏側などをテーマに執筆している。特にナチスについては、ライフワークとしている。おもな著書に「ナチスの発明」「ワケありな国境」「戦前の日本」などがある。

ヒトラーの経済政策《けいざいせいさく》
——世界恐慌からの奇跡的な復興

武田《たけだ》知弘《ともひろ》

2009年4月5日　初版第1刷発行
2010年3月5日　　　第5刷発行

発行者……………竹内和芳
発行所……………祥伝社《しょうでんしゃ》
〒101-8701　東京都千代田区神田神保町3-6-5
電話　03(3265)2081(販売部)
電話　03(3265)2310(編集部)
電話　03(3265)3622(業務部)
ホームページ　http://www.shodensha.co.jp/

装丁者……………盛川和洋
印刷所……………萩原印刷
製本所……………ナショナル製本

Printed in Japan ISBN978-4-396-11151-9 C0222